JN092858

曽根ひろみ
SONE Hiromi

娼婦と近世社会 新装版

吉川弘文館

目　次

第一章　売春の歴史をめぐって

売春について歴史的に検討するということは、何をあきらかにすることなのであろうか。ここでは、売春史の課題——とりわけ近世社会における売春研究の課題を、第一に、現代の売春をめぐる議論の中から、第二に、研究史の検討をとおして、探ってみたい。

一　現代の視座から——一九九〇年代以降の売春をめぐる議論

1　売春の善悪論

「売春のどこが悪い」——この挑発的なタイトルをつけた論文の中で、著者の橋爪大三郎は「売春自体を少しも悪いと考えることはない。それがおぞましくみえるのは、副次的な効果である」と述べている。この論文は、江原由美子編『フェミニズムの主張』(1)という問題提起的な論文集の第一章として書かれたものであるが、つづく第二章の瀬地山角「よりよい性の商品化へ向けて」の中でも、「論理的には『いい売春』と『悪い売春』とがある」として売春禁止を普遍法的に定立すること、売春をロジカルに否定することは困難であるとの認識が示されている。こうした議論が、一九九〇年代以降の売春をめぐる議論として代表的なものであるか否かは議論の余地があろう。しかし、その後に刊行された江原由美子編『性の商品化』(2)の中で、何人かの論者が、橋爪論文、瀬地山論文の批判を試みていること、あるいは「売買春をただちに規制すべき悪であるとは考えていないこと」を共通認識とした論文集(3)が刊行されていることなどから、少なくともフェミニストや女性学・社会学の研究者の間で、「売春の善悪論」が検討に値するテーマでありつづけてきたことは確かである。

橋爪・瀬地山論文は、前者の橋爪論文が売春の問題を集中的に論じているのに対して、後者の瀬地山論文の方はポルノグラフィー、ミス・コンテスト問題などを含めた、より広い領域の「性の商品化」を論じている点で違いが見られるものの、議論を組み立てる方法、論理の構成の仕方には、いくつかの類似点が見られる。

たとえば、橋爪は、「売春行為は一般の犯罪と異なって、双方の〝合意〟に基づいた社会関係である。被害者のいない『犯罪』なのだ」と主張し、当時の個室付浴場における売春営業について、次のように指摘している。

この法律（売春防止法のこと…筆者）はどこかで、売春は苦役で、自由意思にもとづくはずのない不当な拘束だ、とする固定観念を前提としている。それゆえ、売春にたずさわる女性を、法的人格に欠陥を有する〝要保護〟婦女子とみなす。もしもすべての売春が管理売春なら、この論法にも一理あろう。ところが最近のトルコ風呂は、売春の旧態と趣を異にしている。（中略）てっとりばやく現金を摑むため自分からこの道にとびこむ新しいタイプの女性が前面に出てきているというのが、専門記者の感触である。自由に売春する身体。これを法は、取締るのだろうか？　トルコ売春はたしかに管理売春に類似しているが、その実態を仔細に点検していくと、むしろ自由に売春する身体の共棲体であると考えた方が近い。単純売春とトルコ売春のちがいは、個人タクシーと法人タクシーのちがいよりもずっと小さい。（一四頁）

また瀬地山も、売買春を許せないという主張に対して、「常になされる反論が、そうした行為（性を商品化する行為…筆者）が当の女性の自由意思で行われているというものである。その主張を覆すことに成功した議論を筆者はまだ見たことがない。（中略）特定の場で双方合意のもとに、金銭を媒介として行われる性の情報・行為の交換を、いったい誰が、どういう理由で否定できるのだろうか」（五六〜五七頁）と述べている。

　このように見てくると、第一に、橋爪が「売春のどこが悪い」という場合の「売春」、瀬地山が「いい売春」という時の「売春」がともに、当事者の合意や女性の自由意思に基づく売買春を念頭においている点、第二に、売春の是非を、個々人の倫理的選択の問題ではなく、「論理」として否定できるか、国家の法によって禁止できるかという普遍的な立場から論じようとしている点で極めて類似していることがわかるのである。

2 自由意思に基づく売春

まず、第一の点、すなわち「自由意思による売春」を論じることの現代的な意味と問題点について指摘しておきたい。

自由意思に基づいて行われる売春が、フェミニストや社会学者による議論の対象としてクローズアップされるようになったのは九〇年代以降のことである。それは、自らの意思で売春を行う女性が確実に増加している現実を反映しているとともに、性産業に従事する女性たちが、売春は「性的サービスを売る労働」＝セックスワークであり、自由意思で選んだ職業であると主張しはじめたことを直接的な契機としている。(4) 売春女性を含む性産業従事者が、自らをセックスワーカーであると主張したことは、稼ぎをピンはねされたり、客に不払い代金を請求できなかったり、客や警官から暴力をふるわれたりする環境を改善し、労働者としての権利を確立していこうという意思の表明でもあった。売春女性であり、セックスワーカーであるという理由をもって、契約以外の行為や劣悪な条件を強いられたり、非人間的な扱いを受けたりすることを甘受しなければならないといういわれは全くない。その点で、売春女性の労働権を認めていくことは、現状において意義があろう。

一方、このようなセックスワーカーたちの主張は、それまで、売買春を性差別ととらえ、買春する男性を加害者、売春女性を被害者と見なし、売買春をもたらす社会構造や、構造的暴力を告発する方法を試みてきたフェミニストたちに「男を加害者、あるいは抑圧する性、女性を被害者、抑圧された性と見る二項対立的な見方、社会構造を論じる図式的見方、フェミニズム的言説だけでは、ものごとの本質は影に隠れ、かえって見えなくなっていることに、私たちフェミニストは気づかずにきてしまった」という、反省・動揺をもたらした。[5] そして、「女性を抑圧する売春」という言い方に含意されている、「売春＝悪しきもの」という前提自体への懐疑が生まれ、「売春は本当に悪いのか」「売春はなぜ悪いのか」といった、売春の善悪・是非を問う議論が活発化したと考えられる。

しかし、「自由意思に基づく売春」は、現代の売春のすべてではない。[6] また、「自由意思に基づく売春」は、全くフリーに働くことと同義でもない。そもそも、「自由意思」に基づくセックスワーカーの労働権確立の訴えそのものが、売春女性の危険極まりない労働条件や、劣悪な条件で雇用する雇用主の存在などを前提としているのである。にもかかわらず、「自由意思に基づく売春」を、あたかも現代の売春のすべてであるかのごとく、また誰も傷つかない明るく開放的な仕事のごとく述べることは、売春女性が直面しているさまざまな問題を隠蔽するという点で、問題があると言わざるをえない。

さらに、「自由意思」そのものも歴史的な文脈の中で、検討されねばなるまい。当事者が納得して自らの意思で売春に従事することを「自由意思」というなら、戦前にも「自由意思」で娼妓や私娼になった女性が存在したし、敗戦後の米兵相手の「パンパン」と呼ばれた女性たちも、そして江戸時代の夜鷹（よたか）のような売女でさえも、「自由意思」で売春を行った。女性たちの、売春を選択する「自由意思」は、より広い、それぞれの時代に固有の歴史的背景――経済発展の度合い、国家の政策、労働市場や職域の広狭等――があったと考えるべきであろう。少なくとも売春史の一つの課題は、売春の善悪を論じることではなく、このような「自由意思に基づく売春」をも含めて、売買春を成り立たせている多様な歴史的条件を検討することにある。本書は、近世社会における売買春の実態を、売買春を成り立たせているさまざまな歴史的条件を含めてあきらかにすることを第一の課題としている。

3 単純売春は「論理」として否定できるか

次に、第二の問題、すなわち売春を「論理」として否定できるか、国家の法によって禁止できるかについて考えておきたい。ここでは、問題をわかりやすくするために、売春防止法で「悪」として禁じられている強制売春、管理売春などを除いて、「当事者双方の合意のみに基づいて行われる売春＝単純売春」について考えてみたい。つまり、強制したり管理したりする第三者が介在しない、前述の橋爪の言葉を借りれば「被害者のいない」売春である。

結論的に言えば、売春を「性的サービスを売る労働」と認める限り、単純売春を「論理」として否定したり、法的規制の対象として国家的な制裁＝刑罰を科したりすることはできないであろう。なぜなら、全く自由な私人間の自由意思や合意に基づく契約、商品やサービスの売買、労働力の商品化などは、現在の資本主義的経済や市民社会を構成している核心的な原理であり、それらの諸原理に基づく行為を普遍的な「論理」や「法」として否定することは、近代国家の法体系や資本主義的な経済論理とあきらかに矛盾するからである。事実、単純売春に刑事罰を科さないことは、現在の売春規制に関する国際的な潮流であり、わが国の売春防止法も、売春禁止を宣言してはいるものの単純売春に対する刑事罰を定めていない。(7) もちろん、自由意思や当事者双方の合意に基づいた行為でも、すべてが正しいわけでも是認されるわけでもない。各人の自由意思や合意に基づく契約や行為であっても、それが他の人々の人権を侵害すると考えられるならば、それは法的規制の対象となる。しかし、単純売春が他の人権を著しく侵害する行為であると立証することは、これまで述べてきたのと同じ理由によって、大変困難である。

一方、同時代の国家でも事情の異なる国々が存在する。現在の動向は未検討であるが、少なくとも、かつての東欧諸国では、①ハンガリーのように売春行為そのものを「犯罪」とみなし軽い刑罰を科す、②売春自体を犯罪として定める規定はもたないものの、ブルガリアのように売春行為をなした者を、「不道徳な方法」で収入を得た者として刑罰を科したり、チェコスロバキアのように「継続して誠実な労働を忌避し」「不正な方法で生計を立てる」「寄生行為」の一形態として訴追したりできる可能性を残していた。(8) このことは、資本主義国以外では単純売春を罰する法制が存在しうること、その場合の処罰理由が「不道徳」「不正」「誠実な労働の忌避」などといった、国家による一定の倫理的判断に基づいていることを示している。しかし、近代国家が前提としている、法規範と倫理規範の分離原則を崩して、国家が不道徳と見なした行為や性倫理に刑事罰を科すことは、その危険性も大きい。

このように見てくると、単純売春を「論理」として否定したり、法的制裁の対象として刑事罰を科したりすることは困難であり、また、する必要のないことであると言わざるをえない。

4　売春を否定する「倫理」

単純売春を「論理」として否定したり、法的制裁の対象としたりすることができないということ、また前述のようにセックスワーカーの労働権を認めるということは、突き詰めると、もし適正な労働条件の下でならば売春を認めるということであり、また法制の次元でいえば、売春防止法以外の労働基準法や民事法・刑事法など、現行法の範囲内で売春を規制するという方向性を意味している。日本におけるセックスワーク論は、当事者である売春女性の運動と結びついた現実的な権利主張であるというよりは、欧米の動向を受けた研究者間での検討課題であるという面が強い。したがって、日本でただちにセックスワークの法制化が問題になるわけではないが、最終的な選択肢の一つとして念頭においておく必要はあろう。

しかし、こうした国家と法制の次元での対応と、個人の倫理的選択は別である。売春が、最終的には個人の倫理的選択の範囲である以上、その選択は多様であって当然である。しかし、現実には圧倒的に多くの人々が、売春に対して否定的な感情をもっている。[9] 私個人も、売春のない社会の方が望ましいと考えており、売春を人間の正当な労働権として積極的に主張する論拠をもっていない。ただ、さまざまな歴史的制約や条件の下で、売春女性が現に存在し、こうした女性たちに労働権が認められないゆえにもたらされる人権侵害や不利益があまりにも大きい場合、法的に労働権を確立することに意味があるという、いわば現実的な判断である。

問題なのは、むしろ、こうした多くの人々の倫理感情を、橋爪のように「売春が悪である、という素朴な倫理的感情には根拠がない」「売春それ自体を排除する思想はドグマティズムとしてしか可能でない」と、あたかも不合理な悪しきドグマのごとく軽視する態度ではないだろうか。多くの人々を律している倫理感情や社会通念には、何ら根拠がないわけではなく、一定の歴史的背景があるはずである。事実、本書が対象とする時代――近世社会において、売春は多くの人々にとって積極的に忌避されるべき行為ではなかったし、国家の政策的対応も倫理性を欠如していた。逆に、反売春の言説が近代以降に登場すること、また売春に対する否定的な倫理感情は、とりわけ「妻や娘には」させたくない、「妻として母として」したくないという、家族を律する規範として表わされる場合強烈であることなどを考えると、売春に対する否定的な倫理感情は超歴史的なものではなく、一定の歴史的根拠――もっといえば近代以降の、家族を律する倫理と深い関連を有していると考えざるをえない。[10]

本書では、売春に対する人々の倫理感情もまた歴史的なものであるということを前提に、近世の売春観――当該時期の国家や人々の倫理的判断・倫理的対応がどのようなものであったのか――を可能な限りあきらかにすることを第二の課題としている。

二　売春史の可能性

売春史とは、売春を「人類の常態」とみなすのではなく歴史的に叙述すること、すなわち売春の成立、売春の存続と変容の過程、あるいはそれらの歴史的な背景や条件を通史的に叙述することに他ならない。本書はもとより、売春史の通史を目指したものではない。しかし、少なくとも売春史の中で、「近世」という時代がどのような位置にあるのかを、ある程度見定めておく必要はあろう。

そこでここでは、売春史を時期区分するうえで重要だと考えられる売春の成立期の問題、および近世の位置について仮説的に提示しておきたい。

1　売春の定義

売春とは何かを厳密に定義することは大変難しい。その理由の一つは、売春ということばが一般的に用いられるようになったのが第二次大戦後のことであり、「売春」という語それ自体の歴史が浅いという点にある。

日本において、売春という語が一般的に用いられるようになったのは、第二次大戦後の「売春防止法」制定に向けた動向の中でであろう。売春防止法案の最初のものは、昭和二三年（一九四八）、第二回国会の会期中に、政府から提出された「売春等処罰法案」[11]である。この法案では、それまで長い間用いられてきた「売淫」という語に代わって「売春」という語が使われており、この頃から売春という語が広く用いられるようになったと考えられる。もちろん、敗戦後しばらくの間は、なお「売淫」という語も使われている。たとえば昭和二一年一月二一日に連合国最高司令部の出した「日本における公娼廃止に関する件」では、「売淫」という訳語が充てられているし[12]、翌年一月にも「婦女に売淫をさせた者の処罰に関する勅令」が出されている。また売春という語が現われてからも、その後しばらくは、「売淫」という語が併用されている。しかし、そのようなこともおおむね一九五〇年代半ば頃までのことであり、昭和三一年に「売春防止法」が公布されたのを機に、売淫に代わって売春という語が定着していったとみてよい。

売春の概念をもっとも端的に定義しているのは、いうまでもなく「売春防止法」第二条である。それによれば、売春とは「対償を受け、または受ける約束で、不特定の相手と性的関係をもつ」ことである。すなわち、①相手を選ばぬ不特定な相手との性的関係であり、②その行為が恋情・情愛等に基づくものではなく、金品なり便宜なりの供与を目的としたものであるということになる。この定義は、多くの人々が最大公約数的に了解している売春概念とおおむね一致している。したがってここでは、とりあえずこの定義を採りたい。

2　売春の成立

それでは、日本における売春の成立とは、いつ頃のことなのであろうか。

近年の女性史研究によれば、従来、売春を業(なりわい)とする遊女と同性格のものととらえられてきた「遊行女婦(うかれめ)」が、じつは準女官的性格をもつものであり、[13]性を売る女性ではなかったこと、またそもそも九世紀頃までは、性を売る女性そのものが存在しなかったことなどが指摘されている。[14]したがって、日本における売買春の成立は、「性を売る女性＝夜発(やほち)」と、「性を売るが芸能も行う女性＝遊女(あそび)」とが同時に成立する一〇世紀初め頃のことであると考えられているようであり、それは中国などと比べると時期的に大変遅かったという。[15]また、一一世紀前半に成立した『本朝文粋(ほんちょうもんずい)』や一一世紀中頃の『新猿楽記(しんさるがくき)』には、「女色を衒売(げんばい)する」「自ら身を売りて過す」などという表現が見られ、当時すでに「女色を売る」「身を売る」＝「性を売る」という考え方があったことも指摘されている。[16]このように、遊女や「性を売る」という観念が成立する一〇〜一一世紀頃を売買春の成立期とみなす——というのが、現在の研究史的な到達であると見てよいであろう。

このような「性を売る女性」の登場は、「対偶婚(たいぐうこん)」から「単婚(たんこん)」へという婚姻制度の変容と深く結びついている。対偶婚とは、一対一の配偶関係が男女双方の気の向く間だけつづくという緩やかなものであり、夫婦が配偶者以外の異性と性関係をもつことがそれほど非難されない——排他的同棲が欠如した婚姻関係である。[17]

対偶婚のもとで女性は、自らの配偶者を自分自身で決め、自らの意に反した性関係を拒否することもできた。また、男女ともに、一生涯の間に複数の配偶者と「継起的」に婚姻関係＝性関係をもつことが許された。このような婚姻関係にあっては、双方の合意さえあれば比較的自由な性関係を結ぶことが可能であり、性的欲望を満たすために、わざわざ金品などの代価を支払う必要がなかったと考えられる。典型的な対偶婚である妻問婚（つまどいこん）の段階で、売春が存在しなかったという古代女性史研究の指摘は、その意味で説得力がある。

こうした対偶婚から単婚への変化は、一〇世紀から一二世紀にかけて、支配者層から庶民にまで徐々に進行した。ここでいう単婚とは、対偶婚と区別される排他的・持続的・制度的な一夫一婦の婚姻である。[18]夫婦の結びつきの固定化・持続性という点で一夫多妻制も単婚の範疇にはいるとされ、歴史的には、まず一夫多妻妾制のもとで、同居する妻が「正妻」の地位を確立していく過程として現われた。単婚のもとでは、妻の性が夫以外の男性に閉ざされ、やがて夫以外の男性との性は「密懐（みっかい）」（姦通（かんつう））として、「本夫による姦夫殺害」は当然とみなす観念が社会に支持されるようになっていく。勝俣鎮夫は、このような、本夫の姦夫に対する殺害への強い志向性は平安末から見られ、一三世紀には人々に認められた観念として存在したことを指摘している。[19] 売春の成立期は、このような対偶婚から単婚への婚姻制度の変化、それに伴う「密懐」（姦通）観念の成立・浸透の時期でもあった。この点については第六章でより具体的に検討する。単婚と姦通の成立は、女性の性が夫以外の男性に閉ざされることであると同時に、男性にとっても、ひとたび人の妻となった女性との性が閉ざされることでもあった。そして、その限りにおいては、男性にとっても、もはや「合意さえあれば比較的自由に性関係を結ぶこと」が許されないことを意味していた。このような段階において初めて、性は代価を支払っても手に入れる価値をもつようになる。売春は、こうした段階の歴史的産物であった。

3　売春の大衆化

世界史的にみて売春の最も古いかたちは、奴隷主が女奴隷にさせる売春であったといわれる。古代バビロニアでは、すでに紀元前七世紀に裕福な市民たちが女奴隷に売春をさせて主たる収入を得ていたし、売春宿も存在していた。[20] しかし日本においては、性奴隷の存在や女奴隷の売春について、現在のところ確認されていない。その意味で、日本における売春が、遊女という芸能者の芸能に付随して現われたという点は留意しておく必要がある。

しかし同時に、遊女の売春は、本書が対象とする近世の売春と、いくつかの点で大きな違いがある。たしかに、「遊女」「傀儡女（くぐつめ）」「白拍子（しらびょうし）」といった芸能者（以下、これらの女性たちは一括して遊女と表記す

図1　白　拍　子

17世紀に描かれた白拍子の舞姿．必ず立烏帽子(たてえぼし)を冠する点に白拍子の特徴があった．住吉具慶「徒然草画帖」，東京国立博物館蔵．

る）が性を売っていたというのは通説的な理解であり、その歴史は古い。しかし当然のことながら、古代・中世の遊女は、「恒常的に性を売る」こと以外に生業をもたない女性＝娼婦ではない。中世の遊女は、質の高い芸能を身につけ、その芸を母―娘―孫娘へと女系で継承し、芸能奉仕の結果得る米・絹などの報酬を遊女集団で受け取り、比較的自律的な生活を営んでいた[21]。つまり彼女たちは芸能者でもあったがゆえに、恒常的に性を売っていたとは言いがたく、彼女たちが手にする報酬も、芸能奉仕への報酬と不可分な性格をもっており、得た報酬が明白に「性を売る」ことへの対償であったと断定することは難しい。そして何よりも、遊女の芸能や性に代価を支払うことのできたのは、限られた支配的な層の人々であった。それに対して、近世における売春は、

①芸能やその他の商売に付随して行われる売春とは別に、まさに「性行為のみ」に代価が支払われるようになり、

②「恒常的に性を売る」こと以外に生業をもたない「売女（ばいた）」と呼ばれる娼婦が大量に登場し、

③第三者が娼婦を「商品＝客体」として利潤獲得を目指す営業行為が大規模に登場する、

という諸特徴を示すに至る。

その意味で、近世は、女性の身体が商品として純化され、売春が形態のうえでは多様化し、性の買い手・売り手ともに都市下層民にまで拡大した時代であったといえる。ここでは、以上の点を考慮して、近世を「売春の大衆化段階」とし、それ以前の「売春の成立段階」と区別しておきたい。

売春の大衆化を支えたのは、言うまでもなく近世における貨幣経済の発展と都市の発展、都市・農村双方における階層分化の進展であった。また婚姻制度においては、単婚の中でも「家父長の財産の純父系的な相続」を目的にした「嫁取婚」が、武士と上層庶民を中心に、典型的に行われた時期である。密懐は「密通」と呼称を変え、公的権力が制裁を科す重大な罪とされるに至った。

以上から、少なくとも近代以前の売春史の時期区分を、

Ⅰ　売春の存在しない段階

Ⅱ　売春の成立段階——遊女（芸能者）の時代

Ⅲ　売春の大衆化段階——売女（娼婦）の時代

の三段階で考えたい。Ⅱ～Ⅲ期への移行は、私見によれば、京の路傍で身をひさぐ「立君（たちぎみ）」や小路に館を構え身をひさぐ「辻子君（ずしぎみ）」、公事銭（くじせん）を負担する「傾城屋（けいせいや）」等が現われ、嫁取婚（よめとりこん）が広く行われるようになり、密懐に対する政治権力の制裁が戦国期分国法の中に成文化される段階でもあった一四～一六世紀の間に徐々に進行し、一七世紀以降の近世社会がⅢ段階にあたると考えている。本書が、具体的に検討するのは、このうちⅢ「売春の大衆化段階」の売春である。

三　売春史と遊女史

前節までは、現代の売買春にかかわる議論を紹介しながら、売春史の課題と可能性について指摘したが、ここでは、研究史をふりかえりながら、さらに売春史の課題について踏み込んで検討しておきたい。

1　中山太郎『売笑三千年史』について

日本における前近代を含む売春史の通史は極めて少ない。戦前に刊行されたものの多くは、古代・中世の叙述に乏しく、近世以降の遊廓・遊里の沿革史やその概要を紹介したものであり[22]、とりわけ地域的には江戸・吉原を主要な対象としている。そのような中で、原始・古代以降の全歴史過程を「売笑」と関連させて論じた中山太郎の『売笑三千年史』[23]は、戦前における売春史の通史的仕事として、ほとんど唯一のものといってよい。

『売笑三千年史』は、そのタイトルが示すように原始期における売笑の発生から、中山の同時代（一九二〇年代）に至る売笑の歴史的推移を考察したものである。中山の研究は、その後の数多くの遊廓・遊里論に比べて、はるかに幅広いセクシュアリティの領域をカバーしており、ことに農村の性や婚姻習俗の事例の豊富さは際立っている。しかし、歴史学の立場からみた場合、看過できない重大な問題点をも含んでいる。

氏によれば「売笑」とは次の三点を要件とする。

①何らかの報酬を得る約束の下に女子が多数の男子に許すということ。

②同上の行為を継続的に営むこと。

③何人に対しても報酬の約束が成立すれば許すこと。

この三点は、のちにみる「売春防止法」における売春の定義、社会学分野の売春の定義と類似している。「許す」ということばには、さすがに時代性を感じざるを得ないが、ここでいう売笑が、現代の「売春」とほぼ同義であることがわかる。

売笑をこのように定義したうえで、氏は、その発生を室津（むろつ）（兵庫県）の鎮守賀茂（かも）明神が降臨の際に遊女を召し連れてきたという伝説をもとに「我が国の遊女なる者は殆ど年時の計算を許さぬ程の太古である神代から存し（中略）遠い昔から神社と密接なる関係を有してゐた」（七頁）と指摘する。氏が売笑の歴史を三〇〇〇年としたゆえんである。こうした伝説や神話等を有力な根拠に、氏は、日本の神々が女性の奉仕をことのほか珍重し、巫女は概して売笑婦を兼ねており「売笑婦の先陣を承ったのはこれらの巫娼である」と結論づける（一一頁）。氏の、原始・古代における巫女が売笑婦を兼ねていたという指摘は、推定の域を出ておらず、現在の研究史状況をみても、少なくとも万葉の頃までは性奴隷や売春女性が存在したという確たる証拠はない。[24] その意味で、中山の説は、論理の前提である実証・論証のレベルで大きな問題点を有している。

中山はさらに、売笑を発生させる諸般の社会制度として日本の伝統的な婚姻制度や婚姻習俗を挙げている。そこで挙げられているのは、たとえば、

①「共同婚（乱婚ともいふ）」とその遺制としての「歌垣（うたがき）」「雑魚寝（ざこね）」など「時を限って性を解放する様々な習俗」、

②ある期間を定めて結婚する（性関係を結ぶ）「定期婚」、

③足入れ婚とみられる「試験婚」、

等々である。しかも、「共同婚の純粋なるものは即ち売笑」（五七頁）、「試験婚と売笑とは殆ど紙一重の差異である」（三〇頁）、「定期婚、試験婚（中略）などの婚制の根底には微弱ながらも売笑的意識が働いてゐた」（六四頁）と、古代から近代に至る婚姻習俗・性慣行をことごとく売笑と結びつけている。しかし、古代の「歌垣」と近代の「試験婚」は、それが行われた時代も意味合いも全く異なっている。また、「時を限って性を解放する」数々の習俗——中山によれば共同婚の遺制——も、「売笑の発生に深い交渉を有してゐた」（四九頁）とされているが、こうした共同体的な性慣行と売春とは、歴史的に全く異なった背景をもっており、現実には、共同体的な性慣行が売春の発生・盛行をむしろ抑制する要因であったと考えられる。

このように、中山の論理は、原始・古代から近代に至る伝説・神話・民俗事例・文献史料をないまぜにして売春の発生・存続を説明しており、それらを究極的には日本の「民族思想」「国柄（くにがら）」として固定的にとらえている。換言すれば、民族思想の中に売春を生み出す諸要素を見ているのである。こうした議論は、論証の根拠の脆弱さもあいまって歴史的・合理的な説得力を著しく欠いている。ここには、ある歴史段階で売春が発生するという視点はない。売春は原始以来三〇〇〇年の長きにわたって脈々と受け継がれてきた「人類の常態」そのものであり、それは日本の民族思想・国柄と深くかかわっているとみなされているのである。本書の研究史的課題の第一は、売春が、中山の言うように、いつの時代にもある（よって未来永劫ありつづける）ものではなく、一定の歴史段階で成立し、一定の歴史的条件のもとで存続するという点をあきらかにすることである。

さらに、近世社会について中山は、遊廓の最高級の遊女＝「太夫（たゆう）」や踊り子・舞子から、飯盛女（めしもりおんな）や湯女（ゆな）、さらには「夜鷹（よたか）」「惣嫁（そうか）」など最底辺の街娼に至るまでを「娼婦」として一括して平板に扱っており、遊女・踊り子・舞子などの芸能者としての側面や、「娼婦」の階層性という問題に関心が払われていない。本書の研究史的課題の第二は、近世の娼婦をひと括りにして平板に扱うのではなく、実態に則して構造的に把握することである。

売春史に関する仕事は、戦後、その数を増加させる。しかし、近代公娼制や廃娼運動を除く近代以前については、依然として戦前以来の遊郭・遊里の沿革史や紹介の域を出ないものが多く、ここで述べた二つの課題は、今もなお意味を持っていると考えられる。

2　滝川政次郎『遊女の歴史』について

こうした中で、戦前・戦後を通じて「遊女と売笑とが区別されていない」「遊女史と売笑史とを区別せず、売笑史の中で遊女の歴史を述べ」ているという、研究史的反省に立って、遊女の芸能者としての面を明確に打ち出して、その通史的把握を試みたのが、滝川政次郎の『遊女の歴史』[25]である。

この著作は、著者である滝川が意図した日本遊女史の序説・総論にあたるものであり、遊女の起源と遊女史の時代区分、遊女史と売笑史の区別に叙述の力点が置かれている。特に遊女の起源については、前述の中山太郎および柳田国男の「遊女は本来巫女であって、日本の上代には巫にして娼を兼ねた『巫娼』なるものが存在した」という説を廃し、日本における遊女の元祖は朝鮮半島から渡来した漂白民「白丁」族であるという新説を提起している。この点（遊女渡来説）については、批判が出されているが[26]、現在、私自身が論評し得る材料を持っていない。よって、ここでは「遊女史」の観点から、近世がどのようにとらえられているかについて、簡単に整理しておきたい。

滝川は、遊女の本質は売笑婦であるとしながらも、その一面は芸能人であり、「単なる売色の徒と区別して考察されねばならない」との立場から、近世については

①豊臣政権期から享保期までを遊廓全盛時代

②享保〜幕末・維新期までを遊廓衰微時代

の二期に分けて叙述している。叙述の中心は、遊廓の創設とその時代に起こった主要な出来事である。たとえば、第一期の遊廓の創設では、吉原、島原の規制が唐の平康里三曲の規制に由来することを指摘した点が新しい。また、この時期の大事件として性病の蔓延、人身売買禁止令の発令が挙げられている。第二期は深川、柳橋、祇園など岡場所の芸者が叙述の中心である。主な事件としては奉行所による私娼の一斉検挙が取り上げられており、特に寛政二年（一七九〇）の京都における一斉検挙について詳しい。

つまり滝川は、近世を、芸能者としての遊女が、その芸能者たる地位を芸者に譲り、遊女自身が娼婦化していく過程と見ているわけである。遊女が、実際にそのような経緯をたどる点については、私自身も異論のないところである。しかし、それはあくまでも「遊女史」としてみれば、そうであるということであり、売春の視点からみれば、娼婦化した遊女やその周縁の私娼群こそが問題なのである。その意味で滝川の遊女史研究は、遊女の芸能者としての側面を重視するがゆえに、これらの「娼婦化した遊女」や「私娼群」を研究対象から欠落させてしまう。

ほかに、遊女を文化史・風俗史の中で位置づけるという視点からの研究は、西山松之助、中野栄三らによって一定の深化をみたが[27]、上述の滝川同様に、売春史としては、「娼婦化した遊女」や「私娼群」の検討に弱点を残している。

本書は、こうした研究史状況および一九八〇年代以降の女性史研究の中で蓄積された数多くの実証的研究を踏まえて、第一に売春の成立・存続の歴史的条件を検討し、一定の見通しを示すこと、第二に、近世を、廓の遊女、遊里の芸者から夜鷹・惣嫁といった最底辺の街娼までを含めた売春社会として、構造的に把握することを目指している。

なお近世に限ってみると、この間、金沢、水戸、丸山など各地の遊廓の遊女、飯盛女や茶立女などの実証的な研究が飛躍的にすすんだが[28]、これらについては次章以下の関連する箇所で、具体的に言及したい。

四　売色・売女・売淫

売春ということば自体が広く使われるようになるのは、戦後であることは前述のとおりであるが、それ以前に「売春」とほぼ同義のことばとして、どのようなものがあるかについて、少し補足しておきたい。結論的にいえば、最も古くは前述のように、一一世紀頃の「女色を衒売する」「身を売る」という表現が「性を売る」＝売春に相当する語と言えそうであるが、近世に限定してみると、売春に相当することばは「売女」である。ほかに「売色」「色を売る」ということばもしばしば用いられているが、これらは、売春とまったく同義ではないように思われる。そこで、ここでは近世の「売女」

「売色」、近代の「売淫」という語に、少しこだわって、その意味について考えてみたい。

1 売　女

近世社会において、売春に相当する語としてまず登場するのは「はいた＝売女」という語である。慶安元年（一六四八）二月二八日、幕府は売女を抱え置くことを禁じる法令を出した。これが最も早い時期のものの一つと思われる。売女を禁じる触は、慶安期（一七世紀半ば）に集中して出されており、そこでは「はいた女前々より御法度」と、以前から売女を禁じていることを強調しつつ、売女の調査・摘発をするので隠し置かないように、もし売女を隠し置いた場合は、その抱え主はもちろんのこと、その家主までも厳罰に処する旨がくりかえされている。(29)

この時期の禁令に共通しているのは、一様に「はいた女」と表記されている点である。「はいた女」＝「売女・女」とは、一見すると同義反復のように思われるが、別の史料には「売女いたす」「売女致させ」などの表現が見られることから、「はいた女」とは「売女する女」という意味であろう。つまり近世初頭の「売女」とは、娼婦自身を指す名詞ではなく、「女を売る」という行為そのものを指すことば――後の「売淫」「売春」に近いことばであったと考えられる。しかし他方で、売女とは、第二章でみるように、都市下層民や家出・かどわかしなどによって農村から都市に流入し、多くは無宿人ややくざを抱え主とする専業の娼婦そのものを指すことばでもある。つまり「売女」とは、当初

「女を売る」という売春行為そのものを表わすことばであったものが、しだいに売春行為を行う娼婦自身をも指すようになっていったと考えられるのである。

2　売女と遊女

ところで、ここで注目されるのは「はいた女」が史料上に頻繁に現われる一七世紀半ばというのが、すでに江戸・吉原、大坂・新町、京都・島原など主要な遊廓が成立し、その中に多くの遊女が封じ込められていた時期であるという点である。このことは「はいた女」なるものが、従来の遊女とは全く異なるもの、遊女概念の中に包み込めない別のものとして認識されていたことを示唆している。後述するように、後に「はいた女」は、「隠遊女（かくしゆうじょ）＝非公認の遊女」とも呼ばれ遊女概念の中に包摂されるようになるが、近世初頭のこの段階では、遊女と「はいた女」は全く別もの――ことばを換えれば、遊女は「はいた女＝売春する女」とは見なされていなかったのではないか、ということである。

近世の遊女は、現代の私たちからみれば、金のために不特定の相手との性行為を行うという意味で、紛れなく娼婦としての一面をもっていた。しかし多くの人々が指摘するように、近世初頭の遊女は、諸芸に秀でた芸能者であり、学問も道理もわきまえ、深い情愛をも持ち合わせた存在と見なされていた。延宝九年（一六八一）に刊行された仮名草子『名女情比（めいじょなさけくらべ）』の第五「遊女情比（ゆうじょなさけくらべ）」[30]には、鎌倉期の遊君一人と、一七世紀後半に実在したと見られる六人の遊女が描かれている。『名女情比』は、女性

図2　遊　　君

元和期（1615～23）の遊君の図．遊君の呼称は鎌倉期から見られるが，この図は近世初頭の遊女と禿であろう．三十六佳撰「遊君之図」．

のための婦道を説く教訓書としての性格をもつものであり、史実そのものではなく、その内容は巷説として伝わったものであるといわれている。しかし、女性の模範として列記した日本の名女二七人の中に七人の実在の遊女が挙げられ、その聡明さと真情の深さが讃えられていることは、当時の遊女観を如実に示しているといってよい。ここに示されている遊女は「恋しり分しり情しり、人の人たる道にして世の手本にもせまほしき」女性像であるとされる。こうした遊女観——たとえそれが虚像であったとしても——の根強さが、人々に、遊女と男たちの性関係と「はいた女」のそれとを同質のものと認識させなかったと考えられる。

しかしその後、元禄〜享保期（一七世紀後半〜一八世紀前半）になると、非公認の私娼は「隠遊女」とも「隠売女」とも呼ばれるようになり、人々の中で遊女と売女との決定的違いは薄れていく。さらに一八世紀後半以降の公文書では、公認遊廓の遊女以外は一律に「売女」と表記される傾向がすすみ、売女という語は広く私娼一般を指すことばとして定着していく。そして、遊女をもおとしめて「売女」という場合すら見られるようになるのである[31]。

このように、「売女」とは、①まず近世初頭、ただ生活の糧のためだけに、不特定の相手と性行為を重ねるという、売春行為そのものを表わすことばとして登場し、②やがて、そのような売春行為をする私娼の総称となり、③ついに、公娼をも含めた娼婦総体をおとしめていう際の蔑称ともなる、という変遷を遂げたことばであった。

近世後半に至って、遊女も時に「売女」といわれるようになったことの意味は大変大きい。それは、遊女もまた売春を行う娼婦であるという認識が成立したことを意味するとともに、それが、おとしめていう時の呼称であったということ、つまり娼婦への蔑視を内包していたからである。その意味で近世の遊女は、長い歴史過程を経て、人々の認識の中で、かつての「世の手本」たる女から、「売女」と呼ばれ娼婦として蔑みの目で見られる女へと変貌を遂げたのだといえる。その背景には、近世後期の遊廓の大衆化——すなわち遊芸とは無縁な、もっぱら体を売る「遊女」の増加と、遊女が「芸能者」としての地位を、次第に芸者に奪われるという事情があった。近代以降、明治政府は「娼妓」「芸妓」を別鑑札として別々に掌握していくが、その下地はすでに近世社会の中に熟していたのである。

3　色を売る

以上のように、近世社会における売春は、まず「はいた=売女」の語で表わされたが、それに類似したことばとして「売色」ということばもあった。しかし、この場合「売色」という二字の熟語として用いられるよりも「色を売る」と表現される場合の方が多かった。「色を売る」という言い方は、前述のように平安期までさかのぼることができる。

近世で、「色を売る」という表現が見られる早い例としては、たとえば元禄三年（一六九〇）刊行の

『人倫訓蒙図彙』[32]がある。ここでは、本来は熊野を信仰する清浄な宗教者であった熊野比丘尼が、いつしか俗化して「小哥をたよりに色を売るなり」と紹介されている。また時代は下るが、文政一三年（一八四二）刊の『嬉遊笑覧』[33]では、傀儡について「もと人形を舞し又は放下などするもの丶妻むすめどもの色を売もの」と記されており、傀儡女が、人形遣いや曲芸などを行う芸能者の妻娘で「色を売る」ものであったことがわかる。『日本国語大辞典』[34]によれば、「色を売る」というのは「身体を売ること」「売春をすること」と説明されている。またその用例として「役者ともならず色をうる一しゅなるを陰郎陰間なんどいへり」「姿を恥て誰人にもあはぬといふ。それは其筈なり。色を売（ウル）身は其心掛尤ぞかし」などが挙げられている。

しかし「色を売る」ということと「身体を売る」ということは全く同義であろうか。『人倫訓蒙図彙』が刊行される四年前に出た、井原西鶴の『好色一代女』[35]には、「色を売る」という表現は見られないものの、随所に「色つくる」という表現が見られる。たとえば「すあい」と呼ばれる小間物売りの女は「目にたゝぬ色つくりて相手次第の御機嫌をとり、相手が浮気と見れば酒の友にもなり、その後は首尾によりて共に寝る、たとえ九匁五分の帯一筋を一五匁に売っても、それは買う人の方も納得づくのこと」とされている。また飯炊下女も「見るを見まねに色つくりて、大客の折ふしは、次の間に行きて御機嫌をとる」とある。「色」とは、本来、美しく華やかな容姿や風情、あるいは内なるものが外に現われて人の気持ちをひく様子——たとえば情愛の深さなり恋愛の情趣がにじみでる様子をいうことばであり、「色つくる」とは、化粧をしたり着飾ったりして人の気をひくような風情をみせることである。先の「色を売る」熊野比丘尼も、「みどりの眉ほそくうすげしやう（薄化粧）し」[36]、人の気をひくような、卑俗な小唄を歌っては男たちを誘ったといわれる。熊野比丘尼、すあい、飯炊下女は、当時いずれも私娼と見なされていた女性たちである。彼女たちが体を売っていたことは事実であるが、それのみならず一様に「色つくり」、男たちの御機嫌をとってなまめかしさや媚（こび）をも売っていたことがうかがわれるのである。おそらく、惣嫁・夜鷹などといわれる最底辺の街娼が、戸外で、しかも「一交いくら」という単位で、体を切り売りするようなむき出しの売春を「色を売る」とは言うまい。つまり「色を売る」ということは、「身体を売る」だけでなく、化粧や衣服に気を使い、男たちの機嫌をとり気持ちをひくようななまめかしさや媚びをも売るという意味を含んだ概念であったといえる。近世社会において、庶民の女房や娘が「色をつくり」男の気をひくようなことは、好ましからざることであり、また普通の女房や娘に期待されているものでもなかった。それだからこそ、「色」は、男たちが金を払っても求めるに足るもの、女の方からいえば売る「価値」のあるものであったといえる。

以上のように、近世における売春は、おおむね「売女」「売色」ということばで表わされたが、とりわけ「売色」の方は、当初、直截に「身体を売る」ことだけを指すのではなく、「色つくり、色を売る」――恋愛の情趣やなまめかしさをも売ることを含み込んだ概念であったと考えられる。

4 売淫

売淫という語は、明治政府の成立とともに現われたことばではない。明治政府成立当初の法令や布告など公文書では、娼婦を一貫して「娼妓」（芸者は「芸妓」）と表わしている。明治五年（一八七二）の、いわゆる娼妓解放令、翌年の東京府「貸座敷渡世規則」などでも「娼妓」という語が多用されており、当時「売淫」の語が用いられていた形跡がない。むしろ、娼婦を近世以来の「遊女」という語で表わしている例なども見られる。売春に相当する内容は「娼妓渡世」「娼妓稼業」と表わされており、政府が売春を、単なる一つの生業（「渡世」「稼業」）と見なしていたことがうかがわれる。

「売淫」という語の初出については明らかにできないが、少なくとも明治一〇年代末から起こる廃娼論議の中で、存娼・廃娼の立場を問わず頻繁に用いられるようになる。

公娼制を容認する福沢諭吉は、明治一八年（一八八五）、「品行論・第六」[37]の中で「娼妓の境界を見れば、純然たる売淫の営業にして、かの遊廓と称するは即ち売淫の巣窟なり」と断じている。「淫」には、「礼を失す」「色を貪る」「みだり」「ほしいまま」等々の意味があり、倫理的な価値基準からいえばあきらかに負の価値しか持たないことばである。福沢は、「品行論・第七」でも、娼婦について「人倫の大義に背きたる人非人の振舞なり」と指弾しており、福沢の使う「売淫」という語には、売春と娼妓に対する倫理的非難が色濃く反映されている。

しかし、さらに注目されるのは「売淫」という語が、公娼制の廃止や娼妓解放を主張し、また実際にその運動を推進する廃娼論の陣営の人々によっても使われていることである。キリスト教関係者が、売春に「売淫」という表現を与えた背景には、キリスト教特有の売春観があった。巌本善治（いわもとよしはる）は、公娼制を批判して次のようにいう。「娼妓の公許せられて存するは、政府に於て姦淫を公許せらるゝもの也」「政府に於て女子には禁じつゝ、男性には姦淫することを公許せらるゝもの也[38]」と。すなわち彼は、公娼制度を、姦淫を助長し、男性のみに姦淫を公認する制度として批判するのである。また明治二三年（一八九〇）、東京婦人矯風会（きょうふうかい）が政府に提出した「刑法及民法改正並びに在外国売淫婦取締法制定に関する請願」でも、「姦通とは、有妻の男子他の有夫若しくは無夫の女子に通じ、有夫の女子他の有妻の男子に通ずるを云ふ」と姦通を定義し、「有妻の男子にして妾を蓄へ妓に接するは姦通なり」と、蓄妾・買春はともに姦通として批判されている。[39]このように、「売淫」という語は、一夫一婦原則の立場から、売春を姦淫の一種として指弾するキリスト教関係者によって用いられ定着したものと考えられる。内務省・警察関係の文書で「売淫」の語が広く使われるようになるのは、廃娼論議を経てなおしばらく経ってからのことである。

廃娼論者・廃娼運動の担い手たちが、売春を「売淫」ととらえたことは、娼妓を「売淫婦・淫売婦」「醜業婦」「賤業婦」と呼ぶことに示されるような、娼妓への蔑視・賤視を内在させていたといわねばならない。同時に、売春を「売淫」ととらえることは、本来政治的・社会的背景を有する「制度としての売淫」を社会問題として解明する視点を鈍らせ、廃娼運動を（もちろんその全てではないが）、一部の富裕な女性たちによる慈善事業に矮小化した一面も否めない。矯風会が娼妓を「賤業婦」と呼ぶことを、伊藤野枝は「それだけですでに彼女らの傲慢さを、または浅薄さを充分に証拠だてる事ができる」[40]と、激しい口調で非難している。また山川菊栄も「貴婦人と呼ばれる、人間性を失った特殊の民族が、時々花を売るとか旗を売るとか愚にもつかぬ遊戯を思いつく」[41]と辛辣に皮肉っている。

しかしこのような問題性を内在させつつも、「売淫」という概念の成立は、日本において初めて、買春・売春という行為を倫理的問題として提示したという意味で、売春史における「近代」の到来を意味していた。近世社会においては、幕藩の公権力も知識人も売買春に対して何ら倫理的・道義的判断に基づいて対応することがなかったからである。幕府が茶屋女や飯盛女を次々と公許し、各藩が城下町に遊廓設置を公許する論理も、これを願い出る庶民側の論理も、例外なく「町方・宿方の繁栄」「渡世上下の潤」――すなわち売春が町や宿場を繁栄させ広汎な人々の生業と暮らしを潤すという経済の論理であり、幕藩の公権力が売春を禁じるのは、それが公認の場所以外で行われるか、決められた人数を越えた娼婦を抱え置いている場合のみであった。一般的に、女性の貞節を重んじる近世の儒教倫理からすれば、売春に対する倫理的批判が現われて然るべきであろう。しかし近世社会においては、売春業者とそれに寄生する諸役人、売春を放置する公権力への批判はあっても[42]、買春行為・売春行為そのものへの倫理的批判はついに現われなかった。その意味で「売淫」概念は、紛れもなく「近代」の産物であり、一夫一婦制原則の立場から買春を批判し、その返す刀で「売淫婦」＝娼婦をも批判する「諸刃（もろは）の剣」であったといえる。

このように、一七世紀以降「売女」「売淫」ということばは、その時代によって意味する内容に少なからぬ差異が認められるにしても、総じて、現在の売春に相当することばとして変化を遂げてきたことがわかる。同時に、近世以前には、売春に相当する内容を包括的に表わす「売女」「売淫」のようなことばが見あたらない。このことは、近世社会において初めて、遊芸とは無縁の、現代的意味での売春が、女性の生業として、あるいは広く第三者に利潤をもたらす営利行為として広汎に成立したことを示唆している。

第二章「売　女」

一　売春社会の出現

ゑつち〳〵客ひきとめる真田山(さなだやま)

この句は、文化年間の大坂で、梅毒(ばいどく)のためによちよち歩きの「惣嫁(そうか)」がたむろした光景を伝えたものであるという[1]。「惣嫁」とは、江戸の夜鷹(よたか)同様に、川原や辻に立ち客を引いていた底辺の私娼である。彼女らは「客二つ潰して夜鷹三つ食い」の句にみられるごとく、二人の客をとっても一六文の夜なきそば三杯分にしか値しないような、哀しいほどの安値でからだを売り、生命をつなぐ女たちであった。梅毒は、症状が悪化すると、皮膚をはじめとして骨・関節・筋肉・神経などほとんど全身諸器官をおかす。近世という時代は、こうしてからだを蝕まれながらもなお、からだを売って生きることを余儀なくされていた女たちが想像以上に多かったのではないだろうか。夜鷹、惣嫁、丸太(まるた)、舟饅(ふなまん)

頭、ピンショ、蓮葉、綿摘み、提げ重——文学作品に見られる、こうした私娼の多様性、あるいは司法・裁判文書に集められた、頻繁な私娼取締りや私娼の変死・犯罪にかかわる史料の多さが、そのことを示している。それらの史料に登場する私娼たちの現実は、性を共有される「色恋の菩薩」「色恋の女神」(2)などという、文芸作品の中で美化されてとらえられる近世の遊女像と大きく隔たっていると言わねばならない。

本章では次の二つの理由によって、「隠売女」と呼ばれる私娼に力点を置いて取り上げる。隠売女は「隠」の語が示すように非公認の娼婦であり、つねに公権力あるいは吉原の町人らによる取締り・摘発の対象であった。このため、取締り

図3　夜　鷹

こうもりの飛び交う夕暮れ時，柳の下にたたずむ夜鷹．手ぬぐいで軽く顔をおおう姿は夜鷹ならではのもの．葛飾北斎「夜鷹図」．

を命じる町触(まちぶれ)や摘発された場合の裁判記録が断片的に残っているにすぎず、研究史的には廓(くるわ)の遊女(ゆうじょ)や宿場の飯盛女(めしもりおんな)の実態が究明されつつあるのに比べて決定的に立ち遅れている。この点が第一である。第二に、従来の遊女研究のうち古代以降を通史的に扱った仕事には、多かれ少なかれ古代の宗教的「性＝聖」観念を近世にまで投影させて論じる傾向が強く、売春を社会問題として指摘する視点がきわめて稀薄であるという点である。そのため私たちは、遊女を哀しくも美しい存在としてイメージしがちである。たしかに遊女は哀しい。しかし売春は決して美しくなどない。そして、いかに美しく芸能に秀でた遊女も娼婦としての側面を付与されていたのであり、その意味では、近世の広範な私娼の群れを前提とした売春社会の産物である。そして女性のからだが商品として売買される現実の売春社会の本質は、むしろ隠売女と呼ばれる底辺の私娼の実態にこそ如実に示されているのではないかと思われるのである。

化政期（一九世紀）以降の社会・風俗を精細に観察してまとめ上げられた『守貞謾稿(もりさだまんこう)』(3)は、遊女の名称について次のように記している。「今世、遊女・傾城(けいせい)・うかれ女(め)等の名、唯(ただ)文上に云(いう)のみにて、京坂上品妓を太夫(たゆう)、次を天神(てんじん)と云。吉原にて『おいらん』と云。其以下は京坂にて『おやま』『ひめ』等を以て通唱とし、江俗（江戸）は『おいらん』以下を惣て女郎(じょろう)と云。極卑めては三都ともに『ばいた』売女也(なり)』。これによれば幕末の頃、遊女・傾城・うかれ女などの名称は、もはや文章の中で使われるにすぎず、現実にはさまざまな通称で呼ばれていたこと、また「ばいた」というのがきわめて卑しめた呼称であったことがわかる。「傾城」とは、美しさが国・城を危うくするという意味で「美人の惣名」である。遊廓の遊女たちが遊女・傾城などと呼ばれることがなくなり、代わって「売女」という卑しめた呼称で呼ばれるようにさえなることは、こうした女性たちに対する人々の認識の変容を反映しているとともに、芸能とも美しさとも無縁の、まさに赤裸々な売春そのものの広範な展開を背景としていたと考えられる。

以下、本章では、遊女・飯盛女・隠売女などに共通する娼婦としての側面を叙述する場合、史料上の用語である「売女」の語を用いることとする。

二　隠売女

まず、裁判文書に収められた史料により、公権力が摘発・逮捕した隠売女および隠売女稼業の者たちの実態を少し具体的にみておこう。

1　単純売春

貞享元年（一六八四）九月、宗対馬守、津軽越中守の屋敷前辻番所から出てきた、いちという女が逮捕された。[4]いちは武州松山、高坂村の小右衛門という者の娘で早くに父を失い、五歳のとき近隣柏崎村の三郎兵衛のもとへ養女に出された。そして五年前、養父のもとへ出入している小間物商の又兵衛と親しくなり、養父に内緒で、又兵衛と夫婦になり又兵衛方へ引き取られる約束をした。ところが、これに立腹した養父がたびたびいちを折檻するので、とうとう江戸へ出てきてしまったのである。いちは江戸へ向かう途中で知り合った、浅草の次郎兵衛という者に「近付もこれ無く候間、召し連れ参り奉公ニも出しくれ候様」と頼み、次郎兵衛を人主（保証人）にして、本所南横堀に「遊女奉公」に出た。四年間ほどそこで奉公していたが、一年前に暇を出され人主の次郎兵衛に引き渡されたが「瘡毒」（梅毒）を患い、とうとう次郎兵衛方をも追い出されてしまった。それからの三ヵ月間、いちは「方々屋敷方へ遊女商売に歩き」「自分ニ方々遊女仕り、先々ニ泊り候」と述べている。いちについて史料の中では「遊女」と記されているが、本所南横堀での「遊女奉公」も、そして逮捕される前の三ヵ月間「自分ニ方々遊女仕り」というのも、紛れなく公権力のいうところの「隠売女」である。

ここには隠売女にも二様のあり方があったことが示されている。第一に、人主・請人などを立て、抱え主と奉公契約を結んだうえで客をとる場合であり、第二に、三ヵ月間いちが「自分ニ方々遊女仕り」と述べたように単独で客を引いていた場合とである。今、前者を「稼業としての売春」、後者を「単純売春」としておこう。私見によれば、隠売女は前者の「稼業としての売春」の例が圧倒的に多く、また公権力の取締りも、隠売女を稼業とする抱え主たちに対して、より厳しかった。女が抱え主を持たず、誰から寄生も監視もされず、まったく独りで隠売女として生きていたことは、むしろ少なかったであろうし、いちの場合も、瘡毒になり抱え主や人主から放り出されたことが契機となっていたと思われる。しかし、近世の隠売女の一方の極に、奉公契約の埒外にあって、「自分ニ方々遊女仕り、先々ニ泊」というかたちで、自分からからだを売って生きていた女たちがいたことは注目しておく必要があろう。なぜならば売春が、①相手を選ばず「ただ金銭の獲得を本来の目的とする」行為であり、②「自由意志（本人の自覚と意思に発する同意）で、拘束されることなく、常習的・反復的かつ不断に性的交渉を行うこと」であり、③「この行為以外に生活手段を一切持たない」行為であるとすれば、ここでいう近世の単純売春には、近現代にまで通じる「売春という行為」を定義づける、あらゆる諸要素が備わっているからである。もちろん、いちの場合、本来的な意味での「自由意志」で行われていたというよりは、それしかないというぎりぎりの選択であったであろう。しかし、農村から出てきた女が何の手づるもない江戸のような大都市で、しかも梅毒におかされてもなお「ただからだを売ることのみによって」日銭を稼いで生きうる――それほどに下層庶民を含めて、安価でむき出しの性の売買が行われうるという点にこそ、近世段階の売春の特質があるのであり、稼業としての売春もこうした売春社会を前提にしてこそ成立しえた。(5)

2　稼業としての売春

次に、売女を奉公契約によって抱え置き、隠売女を稼業として行っている者についてみておこう。

隠売女稼業の者は多くの場合、店借人であることがわかるだけで詳細を知りうる史料は少ない。それらの限られた史料から、可能な限り隠売女稼業の者たちの特徴を指摘しておきたい。

第一は、これらの稼業をなす者が、無宿人・やくざと深いかかわりを持っている場合が多かった点である。天和二年（一六八二）、前髪八郎兵衛、出来星三之丞、大腹太兵衛という、通り名を持つ三人の者たちによって、八兵衛という男が逮捕された。はつとはなという二人の隠売女を舟に乗せ、小網町の河岸へ上がったところである。(6) 八兵衛というのは、てつへん長助という通り名を持つ者の召仕であり、主人が抱えているはつと、他に権右衛門という男が抱えているはなとの二人を預り、「舟遊女」させていた科による。八兵衛を捕えた三人の者は目明しと考えられる。目明しが元来「やくざ社会の顔役」であること、(7) 目明しと隠売女の抱え主がともに、てつへん長助のような派手な通り名を持っていることなどから、隠売女稼業が博徒＝やくざの世界と深いかかわりを持っていたことがうかがわれる。さらに天和四年（一六八四）には、無宿人の伊右衛門がしちという女を召し連れ、「暮合時分、下谷御歩行町罷り通り候所」を、吉原の者たちによって逮捕された。(8) しちは、浅草三軒町三郎兵衛店の五郎左衛門という者に抱えられた隠売女であり「伊右衛門相添え、方々え遊女ニあるき申し候由白状」した。ここには、無宿人伊右衛門が、隠売女稼業の手先として働いている状況が示されている。また時代は下るが、安永七年（一七七八）、本所長岡町の店借人で「隠売女抱置渡世」の五郎兵衛が、無宿人の利平次らと謀り、同じ無宿人の娘を隠売女とするために強奪しようとした科で罰せられている。(9) ここにも、隠売女稼業が無宿人と結び、きわめて暴力的なかたちで行われていたことが示されている。このように、稼業としての売春は、やくざ・無宿人の類が、売女を奉公契約により、時には理不尽な暴力により抱え置き、彼らの「手引」「監視」の下で働かせていた場合が多かった。

稼業としての売春は、もちろんこうした者たちのみによって行われていたわけではない。人々は不法のことと知りつつ「渡世難儀」を理由に、いとも安易に隠売女稼業に転じた。享保一九年（一七三四）、本所の店借人佐兵衛が、二年前てんかんで急死した隠売女の客の処置に困り、亀戸(かめいど)辺りの川へ捨てた科で逮捕された。(10) 佐兵衛は「おすもふ　佐兵衛」と記されており、かつては相撲力士であったことがわかるが、その彼がなぜ隠売女稼業に転じたかについて、次のように述べている。「身上不勝手、その上葛西ニ罷りあり候両親をも呼び寄せ、漸く渡世送り罷りあり候処、病身にあい成り、相撲もあい止め、ほかに商売も仕り難く御法度之儀とハ存じながら、是非なく三年以前子(ね)春より売女一人抱え置き渡世仕り候」。ここから、佐兵衛が暮らし向きに困っているところに病身となり、他の商売もできないとの理由で、売女一人を抱える零細な隠売女稼業を始めたことがわかる。また夫が女房を隠売女として稼がせる場合もあった。享保一三年（一七二八）、深川(ふかがわ)の店借人定七は「渡世成り難きニつき、夫婦相談の上、きよ得心致し候ニつき船頭長次郎儀、心安く候間あい頼み、舟ニて毎夜売女致させ候」(11) と、やはり渡世難儀を理由に、女房を隠売女として稼がせている。この場合、夫の定七は「夫婦相談の上」、きよという女房が納得して売女を行っていたと言っているが、奉行所の調べでは、女房の方は売女稼ぎを「迷惑」に思っているが、それを言うと夫が「打擲（ちょうちゃく）」するので「なんとも難儀ニ存じ欠落（かけおち）致し候」と主張している。夫が暴力的に女房に隠売女稼ぎを行わせていたというのが実際のところであろう。

以上みてきたように、隠売女稼業は、やくざ・無宿人らが行っている場合も、それ以外の者が行っている場合も、一、二人の隠売女を抱える小規模なものが多かったと思われる。多数の隠売女を抱え置くことは人目にもついたであろうし、一、二人というのが客の「需要」に応え、かつ採算のとれる最低規模であったとも思われる。しかしそのことは逆に、一、二人の隠売女の稼ぎに、男たちが、あるいは何人もの人々が吸着していたことの証拠に他ならない。やくざ・無宿人らは言うまでもなく、妻の売女稼ぎに夫が寄生し、先の「おすもふ　佐兵衛」の場合、売女一人の稼ぎに、佐兵衛本人と両親が吸着し、「当分雇ひ」の召仕までを養っている。近世における稼業としての売春は、いくらかの元手金さえあれば、一人の売女を雇うことで、稼業＝営業として成立しえた点に特徴がある。場合によっては、かどわかし・強奪すること、あるいは夫が妻に強要することで、何ら元手金を必要とすることさえもない。この稼業が、正当な労働を忌避して生きるやくざ・無宿人らによって広く行われ、また下層都市民が「渡世成り難き」旨をもって、この稼業に転じた理由も、その点に求められると考えられるのである。

三　売女の生活とからだ

1　売女奉公

遊女や飯盛女のみならず隠売女といえども、奉公契約の形式をとって雇われる場合が多く、その意味で近世における多様な奉公の中の一つの形態であるという見方も可能である。しかし売女奉公契約は、奉公人の縁付や転売の自由、病死・頓死について一言の申し分もないことなどを特約したものが多く、労務の有償的提供を目的とする純粋な年季奉公契約と異なる多くの特徴を持っている。中田薫は、これらの特徴が「奴婢所有権の作用にも比すべき、他人の人格に干渉し、其人格的法益を処分する人法的支配を、雇主の手に委譲して居る点に於て、此奉公契約が其本源たる人身売買の特質を充分に保存する」[12]として、これを純粋なる年季奉公契約と区別して「身売的年季奉公契約」と呼んだ。売女奉公は、こうした契約の実質において、一般の奉公とも、また妾奉公ともあきらかに異なっている。妾奉公は、公権力の側が「下女同前」の者とみなしてはいるが、「目を掛ケ召仕候もの」を妾にする[13]、短期間の妾奉公後、主人から衣類・諸道具を調えてもらって縁付く[14]など、一定の「愛情」や「庇護」を前提にしている場合も見られ、金を得る目的のみで不特定の男たちにからだを売る売女奉公とは異なっている。また妾は子を生むことを許されている場合が多い。もちろん妾の生んだ子は、子だけを母親たる妾から切り離して主家の方へ引き取る例もみられ、子を生んでも育てることはできないという場合も多い。その点では、欲望・快楽の対象としての売女も、子を生む「道具」としての妾も、ともに全体的かつ人間的な性から疎外されていると言わねばならない。

また売女奉公は、多少なりとも「金を得る」という経済的目的を果たすことができたとしても、売女自身の心をいささかも充足することができず、つねに疾病・暴力の危機にさらされているという点で、その他の奉公と区別されねばならない。さらに売女奉公は、女性を金で買う慣行を存続せしめ、「売女」の呼称に示されている蔑視を広く女性全体に及ぼし、その他の女性奉公人を玩弄視（がんろうし）することにつながるという点でも、近世社会の女性総体のあり方に大きな影響を与えた。

次に売女の具体的な生活をみておこう。

2　監視・拘束

吉原の遊女が、幅五間の堀をめぐらし大門だけを入口とする、閉鎖的空間の中に拘束されていたことは周知のことである。遊女はたとえ親の死に際でも、七ツ半（午後五時）以後は廓外に出ることを許されなかった。(15) 事実、文化二年（一八〇五）、新吉原京町二丁目の遊女「花の井（はないい）」は「姉たつ病気ニ罷りあり候由承り候ニ付き、逢申したく候えとも参り候儀あい成り難く」と、病気の姉に会いに行けぬため火事に紛れて逃げようと、二度まで付け火をし「引廻の上火罪」に処せられている[16]。このように人身を拘束されているという意味では、隠売女の場合も同様であった。隠売女は吉原の遊女のように廓に閉じ込められているわけではなかったが、つねに男たちから監視され、自由を奪われている場合が多く、舟饅頭、あるいは夜鷹や惣嫁などと呼ばれる隠売女にも、通称「ぎう」という男がついていた。ぎうは「夜鷹数人の中にぎうと云男、一〜二人副て、喧嘩等を防ぎとし　且客を勧む也」[17]、「何れに在るか見へず、争論等ある時は、彼のぎう何所よりか出で来る」[18]と、見えかくれに、売女と客を監視し、客引きや客の喧嘩防止の役割を担っていた。幕府の公文書には、舟饅頭、夜鷹、惣嫁という通称は出てこない。しかし前節にみた隠売女と男たちとの関係――伊右衛門という無宿人を「相添え方々え遊女ニある」いていたしち、あるいは八兵衛という男と舟から上がったところを逮捕された、はつとはならは、夜鷹・舟饅頭とぎうとの関係であるとみてまちがいあるまい。また単なるひやかし客に対して、ぎうが「小腰をかがめて、さあ〳〵ざっと御覧なされて〳〵」と、これを追い払うという指摘[19]は、腰をかがめて挨拶する、やくざの仁義に類似しており[20]、ぎうがやくざの類であったことをうかがわせる。

　しかし、ぎうの監視は客の喧嘩、ひやかしや押し買いを防止する意味があっただけではない。それ以上に隠売女自身の逃亡を防ぐ意味があった。隠売女の拘束は、きわめて暴力的な方法で行われる場合もあり、それは時に彼女らを死に至らしめた。寛政一二年（一八〇〇）、なか、やすという二人の女を抱え「隠売女之稼」をしていた、深川の店借人、新左衛門が「遠島」の罪に処された(21)。なかという売女が瘡毒を煩い、家出したのを連れ戻し「懲のため裸にいたし細引ニて縛り、割真木を以て打擲いたし」たため、なかが「病気差重りあい果」てたからである。奉行所は、新左衛門がなかを「打殺候ニハこれ無く」と認定し、死罪を免れさせているが、梅毒のなかを手ひどく折檻し、その後も死の直前まで客をとらせていたことが死に至らしめたことは明白である。こうした拘束＝逃亡売女への折檻は、飯盛女に対しても同様であり、馴染客ができ駆け落ちしたのが発見され連れ戻された場合や、客がとれぬ場合の飯盛女の折檻について、『世事見聞録』は「丸裸になして縛り、水を浴せる也。水湿る時は苧縄縮みて苦み泣叫也。折々責殺す事あり(22)」と述べている。こうした厳しい拘束・折檻は不健康な日常生活とあいまって、売女の健康を著しく害した。

3　健康破壊・瘡毒

一般的に遊女・飯盛女は、日常生活そのものが不健康であった。遊女の生活は、卯の刻（午前六時）頃に朝帰りの客を送り出し、そののち少し仮眠し、巳之刻（午前一〇時）には起きて湯に入り化粧をすませ、昼過ぎからまた「見世」に出る(23)というものであり、日光浴ができない。食事も朝食ぬきの二食で、粥を常食としていたため慢性的な栄養不足にあったといわれる。また飯盛女の生活も、昼は、田植えの季節には田植えに、秋の収穫時には稲刈りに、場所によっては機織りにと引っぱり出され、夜は客の相手をさせるなどきわめて重労働を強いられていた。(24) 隠売女の日常生活については充分に知りえないが、遊女・飯盛女にみられるように、栄養不足に陥り、重労働を強いられていたであろうことは容易に推察できる。

しかし、こうした不健康な日常生活以上に、彼女たちのからだを蝕んだのが瘡毒である。瘡毒は、冒頭に述べたように、最終的には全身諸器官をおかす。発疹(ほっしん)、潰瘍(かいよう)をくりかえし、脱毛や鼻の欠損をきたし、やがて脳をおかされ廃人同様となることもある。吉原の遊女の死体を投げ込んだので有名な浄閑寺(じょうかんじ)の記録によっても、遊女の死因は梅毒とその余病が圧倒的に多く、また墓石に刻まれた享年から、平均寿命が二一歳の若さであったとされる飯盛女の生命を蝕んだ原因も瘡毒とその余病であったことなどは、(25) 当時の瘡毒治療が、それほど有効ではなかったことを示している。そして何よりも、遊女・売女が瘡毒を患っても、十分な治療を受けさせてもらえなかったというのが実情であった。

このような状況の下でも、隠売女は、生きるためにからだを売りつづけた。とりわけ最下層の隠売女ともいうべき夜鷹には、瘡毒にかかった末期的症状の者が多かった。江戸の吉田町の夜鷹屋について、「瘻(りゅう)（背骨がもり上がって弓のように曲がった人）は少女姿に粧ひ、姥(うば)は墨を以って眉毛を造り白髪を染て島田曲にゆひたて、鼻の落たるは蠟燭(ろうそく)の流れを以って是を作り、びつこ・つんぼ・あきめくらあり、何れも瘡毒にて娼家に用ひ難き醜女(しこめ)の顔に白粉(おしろい)を塗て疵(きず)のあとを埋め、手拭をほうかむりにして、垢付たる木綿布子に黄はみたる木綿に布をして敷物を抱へて、端々の辻に立て朧月夜(おぼろづきよ)を上首尾とし

（後略[26]）」とあるように、瘡毒のために背が曲がり鼻のとれた女たちまでもが、夜鷹としてからだを売りつづけていた。そして、このようにボロボロとなった女のからだでも、なお性が売買の対象たりえたという点に、近世における売春現象の凄惨さがあったといわねばならない。

なお、近世の瘡毒（梅毒）の実態については、後述の第五章で、具体的な検討を試みる。

4　売春と母性否定

以上みてきたような暴力的拘束や瘡毒の中で、売女の母性は確実に破壊されていった。折檻・瘡毒は流産をくりかえさせ、やがて妊娠そのものを不可能とするからである。また近世においてきわめて危険な堕胎（だたい）が横行していたことも母性破壊を助長した。

『雑俳』によれば「子刺しばゝ」とよばれる堕胎専門の婆や、「黒薬」とよばれる堕胎薬が存在したこと、また堕胎に白粉の原料である水銀が飲用されていたこと、からしや黒砂糖が有効であるとの俗信があったことなどが知られる。しかし現実には、女性が死に至る場合も多かった。延宝七年（一六七九）から元禄二年（一六八九）に至る一〇年の間に「子下シ候療治」に失敗した医者一人が「宿預」、「子下シ薬」を飲ませ女性を死に至らしめた下男など四名が死罪・流罪に処されている[27]。これらによれば、当時「下シ薬」が金一分で買えたこと、堕胎の失敗は、奉行所の検死役人が「身の色も替り（中略）薬を用、傷産致させ候」と報告していることから一見して判別できたことなどがわかる。これらの史料の中で確認される堕胎の当事者は下女である場合が多い。したがって、近世において母性を否定されていたのは、ひとり売女に限ったことではなかったし、売女の避妊・堕胎の具体的なあり方については、なお今後の課題とせざるをえない。

しかし、近世のあらゆる女性の中でも、とりわけ売女は、不特定の男に欲望・快楽のための性を、商品として不断に売らなければならぬことで、特定の男との間に子をもうけ育てることを、自らの意思ではなく、いわば他律的に奪われている存在であったといえる。

四　売女の生活とこころ

1　誘引と相対死

売女は健康を破壊され、からだをおかされるとともに、時として、女としての真情をも踏みにじられて生きなければならない。彼女らが商売を離れ一人の男と情愛を交わし合うようになっても、男が前借金を返済したり、身請金を用意することができぬ境遇にあったりする場合、二人は危険を覚悟のうえで逃亡を企てた。しかし幕府公認の遊女や飯盛女を逃亡させることは、詮索も処罰も厳しく成功することはまれであり、武士といえども容赦なく罰せられた。

宝暦八年（一七五八）、吉原の遊女「はる雨」を誘い出して手元に引き取り、「みよ」と名を改めて差し置いていた小普請組の武士、同じく安永二年（一七七三）、吉原の遊女「むつ花」を買い揚げ、馴染となったうえ、「むつ花申す旨に任せ誘引出、手前に差し置」いていた旗本が、ともに遠島に処されている(28)。また元禄期以降、人数を制限したうえで公認されていく飯盛女の誘引も、いったん幕府の知るところとなると処罰の対象となったが、現実には、飯盛女を返し、男が弁償金を出すことで内済（示談）となった例も少なくない(29)。

一方、幕府公認の遊女・飯盛女と異なり、その存在自体が不法である隠売女の場合はどうだったのであろうか。享保六年（一七二一）、隠売女きちを誘い出した三郎兵衛という男に対して、幕府は「構無し」（＝無罪）としたうえ、きちに対しては「其者の心次第ニて親方江成とも三郎兵衛方へ成とも、参り申したき旨申し候方江渡し遣すべく候(30)」と、親のもとへでも三郎兵衛のもとへでも行きたい方へ行かせるように申し渡した。この事件は、のちに同様の事件の判例として『御定書』に「隠売女を誘引出し候におゐてハ　男女共ニ構無し。但、女ハ誘引出し候もの之方江成共、外江参り候共、心次第申し付くべし」（四七条一八項）として定式化された。さらに、享保八年（一七二三）、幕府は摘発された隠売女を吉原へ下げ渡すべきことを命じたが、たしかな親元、親類、請人がいる場合は、そちらへ渡してもよいとした。もちろん隠売女の場合、公権力の関与以前に抱え主にみつかれば、手ひどい折檻を受けた。また隠売女には、遊女や飯盛女のように馴染客も少なく、危険を覚悟のうえ、誘い出し逃亡させてくれる男も少なかったはずである。しかし隠売女の誘引・逃亡が少なくとも公権力による咎めを受けなかったことは、公認の遊女や飯盛女との大きな違いであった。

心を通わせる男との逃亡も発見されれば折檻を受け、あるいは厳しく罰せられるという状況の中で相対死（あいたいじに）を選ぶ者も、あとを断たなかった。宝暦八年（一七五八）、北品川宿の飯盛女さハを殺した元足軽の梨本吉右衛門、同じく享和三年（一八〇三）、品川宿の飯盛女のふを殺した元足軽の柳沢儀平は、両人ともに「相対死を申し合わせ」、さきに女を殺したが自らは死にきれず、殺人罪に準じて罰せられ、結局命を落としている(31)。近世中期以降の裁判史料には相対死の史料が少なくない。そして、その多くは、ここに示したように、さきに女を殺して男だけが生き残ったものである。そのため、相対死に至る女性の心情を、これらの史料から充分にうかがい知ることができない。しかし、ただ一つ言えることは、相対死を選んだ男女がいずれも「夫婦（めおと）になる」ことに執着し、これを強く望んでいたということである。安永四年（一七七五）、御目見（おめみえ）以上の格式の家に生まれた若い武士が、吉原の遊女「くれ町」のもとへたびたび通ううち、申し合わせて相対死を図った。結果は、やはりくれ町だけが死に、武士は遠島となったのだが、そこに至る経緯について、男はくれ町が「妻にあい成り難く候はば、あい果て申すべし」と言ったのを、「一途に不便（ふびん）に」なったからであると供述している(32)。また、当事者が売女ではないものの、宝暦一二年（一七六二）には武家方の下男下女が「夫婦にあい成べしと存じ候処、致し方もこれ無く候」と、やはり夫婦になれぬことを理由に相対死を申し合わせ、自害仕損じた下男が下手人（死刑の一種）となっている例もある。(33)さらに嘉永七年（一八五四）、奥州郡山宿の飯盛女と馴染客が相対死をした際、男から女に宛てた血判（けっぱん）の起請文（きしょうもん）が残されていた。それも「其元（そこもと）と夫婦の契約致し候こと実正也」という一文で始まる「夫婦の契約」を誓ったものであった。(34)このように、夫婦になれぬことを嘆き相対死を申し合わせる遊女や下女、夫婦になることを神に誓い合い相対死を果たす飯盛女らにとって、「夫婦になる」こと、「夫婦の契約」をすることは、現代の私たちが考える以上に、切実で深い真情があったものと思われる。

2　夫婦の契約——一夫一婦への希求

相対死に限らず、「夫婦の契約」への執着から重罪を犯し、命を落とした女性も少なくない。元禄九年（一六九六）、江戸へ出て奉公している半三郎という男に会うため、小岩・市川の関所を破り死罪となったやすもその一人である。やすは、半三郎以外の男のもとへ一度は縁付いたものの五年後に離縁し、結婚前から夫婦の契約をしていた半三郎を慕って、主人に断りもなく出奔したのである。やすの供述には「何とぞ半三郎に逢申したく存じ」と、契約をかわした半三郎への想いがにじんでいる。(35)

また文政八年（一八二五）、一人の男を殺した咎で死罪となった、中山道新町宿の飯盛女こまも同様である。こまは、かつて芳松という百姓の女房であったが、他村の幸馬という男と密通のうえ、「夫婦にあい成るべき約束」をして夫の芳松と離縁し飯盛女となった。しかしそののち、幸馬が「前書の約定違変に及び候」と夫婦の契約を破ったため殺害し、死罪となっている。[36] 夫婦の契約を交わした男に会いたい一心で関所を破ったり、夫婦の契約を破った男を殺したりすることは、当時、厳罰に値するとみなされた罪を犯したことであり、その意味で非日常的なことであった点は否めない。しかし庶民の女が自ら離縁・密通というかたちで婚姻を破ったことは広く認められる事実であり、しかも婚姻を破ってまで、一人の男との「夫婦の契約」にこだわりつづけた意味は、あらためて問われねばなるまい。

かつて、高尾一彦は、近世において庶民が恋愛の生活感情をある程度、客観的に意識化して、そこに庶民的な美や倫理を形成しはじめている状況を指摘した。[37] 高尾は、こうした庶民的な愛情の倫理を「好色余情」と名づけ、具体的には夫婦の倫理意識、夫婦愛の美意識の主張として表わされる、とした。とりわけ、ここで注目すべき点は「夫婦」とは正式の夫婦であるか否かは問わず、相愛の男女は夫婦であると考えられていたこと、したがって「夫婦」とは、一夫一婦倫理に支えられた相愛の男女を指すという指摘である。

遊女や飯盛女を含めて、これまでみてきた近世の庶民の女たちが命を賭して希求したのは、まさに高尾が文芸作品の中にみつめた「夫婦」――すなわち一対一で排他的に真心を交わし合う関係であり、「夫婦の契約」とはそのような、ただひとりの男との約束であったと考えられる。日常的に多夫を強いられている売女にとって、本当に好きなただひとりの男に、真心や誠実さを伝えることは困難であ

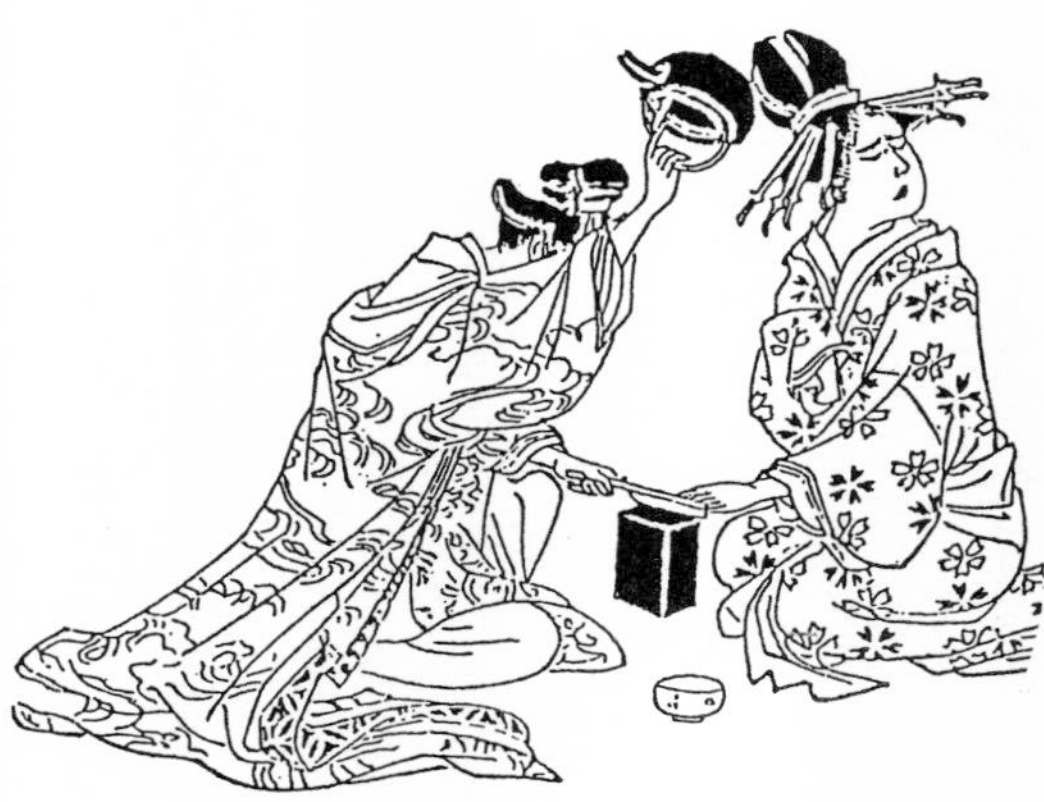

図4　遊女の心中立て　指切り

遊女は自らの真心の証しとして，切った髪や指を好きな男に贈った．

る。そのため彼女らは、「心中立て」と称する真心の「証し」として、血判の誓紙や自らの髪、あるいは爪や指を切ってまで贈ったという。[38] 売女の相対死は、結ばれない恋情への悲嘆や絶望にとどまらず、多夫を強いられた女性の側の、ただひとりの男への誠実さや真心の「証し」でもあった。

近世という時代は、公権力が婚姻外の性愛を「密通」として厳罰に処し、きわめて権力的に婚姻関係の固定化を図った時代である。そして、そこで固定化された婚姻とは、いうまでもなく（権力や財力のある）男性のみが一方的に、妾・売女を金で購いうる一夫多妻的性格のものであった。多夫を強いられる売女も、一夫多妻や男性の性的放恣を甘受しなければならなかった「妻たち」も、ともにこうした抑圧的環境の中にあったがゆえに、ただひとりの相愛の男と真心を交わし合うことを希求したものと考えられる。一夫一婦倫理は、高尾が正式の夫婦間であるか否かを問わないと指摘したごとく、近世の女性たちにとって、時には婚姻を破り、時には婚姻の枠外にも希求されたのであり、このことが公権力による一夫多妻的婚姻の固定化と鋭い対立をみせたといえよう。この点については、第六章で、もう少し踏み込んだ検討を試みるつもりである。

五　公権力と売春

以上のような売春社会に対して、公権力はいかなる態度で臨んだのであろうか。ここでは隠売女取締りが本格的に法制化されていく享保期の幕府政策を中心に考えてみたい。

1　享保期における公許の論理――「世上の潤」

近世初頭、幕府は、吉原（江戸）、新町（大坂）、島原（京都）など大都市の遊廓を次々に公許する。それらは幕府主導の下に推進されたというより、町人らの願い出を認可するというかたちをとって開設された点に特徴がある。町人らが遊郭設置を願い出た理由については、これまでもあきらかにされてきているが、ほぼ共通していると思われる点は、第一に、公許以前にすでに遊女屋・傾城屋が諸所に散在している状況が前提であること、第二に、したがって散在している遊女屋・傾城屋を集住・隔離することで風儀取締りを強化し、部市支配を円滑にしうるという、幕府の治安的関心に沿うかたちで、遊廓開設が願い出られていることである。それはたとえば、吉原公許を願い出た庄司甚右衛門のあげた三ヵ条の理由――①長逗留（ながとうりゅう）に伴う遊客の引負（ひきおい）（使い込み）や横領を防ぐ、②人勾引（かどわかし）を防ぐ、③浪人・悪党の詮索に便利――に典型的に示されている。[39] このような経緯をみる限り、小林雅子が公娼制の成立に関して「売春行為を公認するか否かそれ自体は、幕府の存亡に直接かかわる問題ではない。公娼制を制定することで生じる副次的成果を期待していたからこそ」であると指摘している点は的を射ている。[40] そして、ここでいう「副次的成果」が、少なくとも近世初頭においては、治安維持と風俗統制に有効であること、一定の冥加金（みょうがきん）を収取しうることを意味していたこともあきらかである。こうして、幕府は冥加金の納入を条件に公許した遊廓を保護するため、遊廓外の売女を隠売女として厳しく取締ることになる。しかし近世前期の隠売女業者に対して行われた、磔（はりつけ）・獄門（ごくもん）を含むきわめて過酷な刑罰による威嚇・取締りにかかわらず、隠売女はいっこうに止むことなく、逆に盛行をきわめた。

このような状況の中で、ついに享保一六年（一七三一）江戸町奉行の大岡（おおおか）越前守、稲生（いなお）下野守は連名で、隠売女の多い護国寺（ごこくじ）音羽町（おとわちょう）、深川、本所、根津（ねづ）など六ヵ所を「売女御免之場所」として定めてはどうかと、遊所の新規公許を老中に伺い出た。[41] 大岡・稲生の「伺」の趣旨は、隠売女について、吟味のうえ御仕置を申しつけても、その当座は止めるが間もなく再開し、とにかく止めない、そこで新規に公許の遊所を定めれば、その場所以外の「脇々売女」はなくなるであろうし、そうなれば何よりも「御仕置もあい立ち」「第一世上上下の渡世も多く潤（うるおい）に罷りなるべく候」というものである。この「伺」は、結局老中により「只今迄之通　差し置くべし」と下知され、実現には至らなかったが、一方で隠売女取締りを行っている町奉行によって、当の隠売女を一定の場所に集めて公許すべしとの、一見矛盾する施策が提言されている意味できわめて興味深い。このことは、隠売女取締りが、「所々に非公許の隠売女が存在したのでは御仕置も立たない」という、公権力の威信の保持に基づく既存遊廓の保護のために行われているにすぎず、公権力が売春そのものに対して、何ら道義的・倫理的判断をしていないことを示している。むしろ隠売女を一定の場所に集めて公許することは「世上上下の渡世を多くし潤いとなる」として、いつでも公許しうると考えていたことがわかる。ここには、元禄〜享保期における商品生産・商品流通の発展と、それに伴う都市の発展・下層都市民の急増を背景に、売春が広範な都市民ひいては公権力に収益をもたらす、渡世・稼業の一つであることを認め、規制しつつも公認していこうとする、いわば享保期段階の公許の論理が明快に示されている。事実、このような公権力の認識は、享保三年（一七一八）、宿場の飯盛女の人数が制限されつつ公許され、一八世紀半ば以降、江戸・大坂周辺の旅籠屋（はたごや）の飯盛女の人数制限も大幅に緩和・公許されていくことで現実のものとなっていった。

2　隠売女取締り

幕府の厳しい禁圧の中でも、止むことのない隠売女稼業の者たちに対して、享保期以降の幕府の取締り政策は、おおよそ次の二点の特徴を持ちつつ推移する。一つは、隠売女渡世に対する処罰の全体的な緩和であり、二つは、にもかかわらず広範な連座規定を法制化していく点である。

近世前期における隠売女取締りは、隠売女を稼業とする者たちに対して、磔・獄門を含む重科に処した点に特徴があった。寛永一四年（一六三七）、一軒に三人という制限をこえて湯女（ゆな）を抱えていた風呂屋の亭主らが、吉原大門の内で磔になった事件は最も著名であるが、他に隠売女の抱え主数人が天和二〜四年（一六八二〜八四）に、磔・獄門になった例、貞享二年（一六八五）に死罪となった例、あるいは同年、女房を隠売女に出した夫が死罪となった例など[42]近世前期の隠売女取締りの苛烈さを物語る史料はきわめて多い。しかし、享保期に入ると単に隠売女稼業の者たち自身を罰するだけでなく、隠売女として奉公に出す際の請人・人主（保証人）、隠売女稼業の者を住まわせていた町の名主や家主、町の五人組など広範囲に及ぶ連座が施行されることになる。そして、それとともに、特別に悪質な場合をのぞき、刑罰も磔・獄門・死罪という生命刑から、土地・家屋・家財没収や過料（罰金）を中心とする財産刑に重点が置かれるようになった。[43]『御定書』第四七条「隠売女御仕置之事」は、享保期の隠売女取締り策の集約とみられるが、いま、その主要な刑罰について整理すると、表1のごとくである。

ここでは、隠売女本人と隠売女を稼業とする者や請人、場所提供者など広範な者たちが処罰の対象となっている。にもかかわらず、ひとり隠売女の客のみが、一切の咎めを受けないことになっている点は、現代にも通ずる問題として注目されるところである。

隠売女取締りについて、今ひとつ注目されるのは、妻を売女に出した夫に対する扱いである。『御定書』は、

①一定の稼業をもち生計を立てている夫が、同意しない妻を売女に出した場合は死罪とし、

②「飢渇之者」が夫婦申し合わせて妻に売女をさせていた場合は「糺明に及ばぬこと」、

として、対照的な対応を示している。

一般に、夫が女房に売女をさせることは、女房を妾奉公に出したり質入れしたりすることと同様に、封建的な家族秩序・婚姻秩序を乱すものとして、幕府の厳禁するところであった。とりわけ近世前期においては、女房を妾奉公に出す者は死罪、質入れする者は二〇里四方追放に処され[44]、女房を隠売女に出した者はもちろんのこと、公許の吉原へ奉公に出した場合でも死罪となった[45]。その意味で『御定書』の①の規定は、近世前期以来のいわば原則的規定を継承した部分であるといえよう。こうした原則を残しながら、「飢渇之者」が夫婦申し合わせのうえ、女房が納得して売女をしているならば糺明に及ばぬとする②の規定は、前項

表1　隠売女に関する処罰

隠売女稼業の者	身上に応じ過料のうえ 百日手鎖にて所預け
隠売女	三カ年新吉原へ遣す
請人・人主(保証人)	身上に応じ家財3分の2 を取り上げるほどの過料
隠売女稼業の者を 住まわせた　家主	身上に応じ過料のうえ 百日手鎖
〃　　五人組	過料
〃　　名主	重き過料
〃　　地主	五年間家屋敷取り上げ 地代店賃は上納

『御定書』47条「隠売女御仕置之事」より作成.

でも述べたように、売春が下層都市民の止むをえざる渡世のあり方であることを、公権力が黙認したことに他ならない。

3　公権力と庶民倫理

前近代において、法と道徳が未分離であることは、従来指摘されてきたところである。しかしこれまでみてきたごとく、少なくとも売春行為について、公権力がこれを道義的・倫理的に裁断し、法制に反映させることはなかった。公権力にとって売春は、風儀・治安上限定されるべきものではあったが、否定されるべき理由はなかった。したがって、売女奉公をめぐる訴訟・裁判においても、一貫して「相対済し」(当事者の間で解決すること)を命じ、売春について公権力としての判断や関与をすることはなかった。

延享五年(一七四八)、養親が一二歳になる養女を一三年季(一五〇目)で茶立奉公に出したところ、実母がこれを知り、前借給銀を弁済してでも娘を取り戻したいと大坂町奉行所に訴え出た[46]。茶立奉公人は、大坂における幕府公許の売女の一種である。それゆえに、実母は「右躰の奉公ニ差出候へば見捨て難し」として、娘がこうした奉公に出ることをよしとせず、取り戻しを願い出たのである。しかし、抱え主の方が、これまでに娘にかかった飯米・雑用銀が多いことを理由に、容易には返さない姿勢を示したことで争いとなった。この争いに対して、大坂町奉行所は、養親と実母が「相対を以て呼返シ候義」は格別認めるが、「奉行所より申付候筋ニハこれなし」として、実母の願いを却下した。つまり公権力の不関与を宣言し、当事者の間での解決を命じたのである。大坂では、寛延三年（一七五〇）にも同様の事件が起こっている。この場合は、継父が血のつながっていない娘を茶立奉公に出したことに対して、実父の親類の者たちが「茶立奉公ニ差出候段　心得難し」として、前借給銀を弁済して娘を受けとり、「常体下女奉公ニ差出たし」と訴え出ている。が、奉行所はここでも当事者の間で話し合いのうえ取り戻すことは格別認めるが、「取戻し候様ニとハ申し付け難し」と、当事者に解決を押しつけるだけであった。[47] ここには、売春もまた他の下女奉公などと同様の奉公契約関係であり、公権力の関与するところではないとみなす、公権力の認識が示されている。

公権力が、売女奉公を他の奉公と同一のものとみなす根拠の一つに、実親や売女自身が「得心」＝納得して、これを行っているという認識があった。近世中期以降の売女の奉公人請状には「我等娘得心の上」「女子得心の上」などと、親や本人が納得した旨を記した文言が多くみられる。この文言は、売女奉公が人身売買やかどわかしによるものではなく、親や本人の意志に基づく、いわば合法的奉公契約の根拠として、公権力によって重視された。納得したうえでとり結んだ契約である以上、権力として関与する必要はないという論理である。

公権力は、すでに一七世紀後半から、金銀貸借に関する訴訟は受理せず「相対で」（当事者同士で）解決するように命じる「相対済し令」を幾度となく発令してきた。そして元禄期（一七世紀末）以降の商取引・金融関係の拡大を背景に頻発する民事的訴訟に対して、公権力が「相対済し」を命じる範囲は次第に拡大していった。(48) このことは、私人間の契約・取引をめぐる争いに対して公権力が、その取引や契約の中身にまで立ち入り、具体的裁許を与えることが少なくなっていったことを意味している。公権力が、売女の取り戻しを訴え出た者たちに対して、「奉行所より申付候筋ニハこれなし」「(売女を)取戻し候様ニとハ申し付け難し」として公権力の関与を避け、ただ当事者の間で解決することを命じたのは、金銀出入やその他の商取引・諸契約にかかわる訴訟への対応と同一である。売女奉公がその他の諸奉公と、その実質において大きく異なっていたのにもかかわらず、公権力がこうした対応をした点に、売春もまた、金銀をめぐる貸借・契約・商取引の類の一つにすぎないとみなす、公権力の側の認識が明瞭に示されている。

こうして公権力は、金で売買される性を、「世上の潤」、下層都市民の「渡世」「奉公」の一つとして容認する一方で、婚姻外の性愛については一律に「密通」として厳しく断罪する法制を確立した(「密通御仕置之事」『御定書』四八条)。換言すれば、男女の率直な恋情とそれに根ざした性は裁かれ、金で購われる性は是認された。

このような婚姻と性をめぐる公権力の論理は、四節で述べたように「密通」「相対死」というかたちで真心を交わし合う男女の性愛を希求した近世庶民の真情、さらには実の娘・血縁の娘の売女奉公を「見捨て難し」「心得難し」とする実親の真情や倫理と決定的に対立する局面を有していたといわざるをえない。

六 売春と貧困

近世の売春社会は、商品経済・貨幣経済の進展とともに出現した。農村社会をも巻き込んで展開する貨幣経済は、農村・都市双方において階層分化を促し、不断に日銭を稼ぐことでしか生活を支えきれぬ都市下層民と、土地を持たない、あるいは土地を失い貨幣収入に依存せざるをえない貧農層を大量に生み出した。しかも、大規模な労働市場が形成されていない近世社会において、貨幣取得を可能とする機会は少なく、貧困を救済し、生存を保障する公的制度もない。その意味で、近世社会における急速な貨幣経済の進展は、貧窮な者に、より一層過酷な生活を強いることとなった。とりわけ、農村に比して、地縁・血縁関係の稀薄な都市下層民にとって、金を手に入れられぬことは、生存を脅やかされることにもつながった。公権力が、売春を「飢渇之者」の「渡世」の一つとして黙認し、売女稼業を「世上の潤」として規制しつつ公許した理由も、その点にこそ求めうる。

こうして、近世社会における売春は、近代的医学も思想も未成熟なままに、歯止めを失った赤裸々な姿で進展せざるをえず、それゆえにこそ、女性にとって売春の何たるかを、現代に生きる私たちに突きつけずにはおかない。公娼制は廃止されても、現代に至るまで売春は衰微の兆しをみせない。そして、売春社会が女性にもたらす苦しみと不幸も、それらが決して公権力によっては解決されえないことも、近世から現代に至るまで変わることなく、私たちに引き継がれ残された歴史的課題となっている（シリーズ「女たちは告発する・性」『朝日新聞』一九八九年八月）。その意味で女性史は、売春の実態を歴史的・段階的に明らかにするとともに、売春社会を出現させ、存続させている社会的条件は何かという課題を、今後とも負っているといわざるをえない。

第三章　近世の熊野比丘尼——勧進と売色

一　売色する比丘尼

熊野比丘尼とは何か——その起源について、萩原龍夫は、その著『巫女と仏教史』の中で、「熊野比丘尼とは、当初は熊野信仰を負っている巫女としての『熊野巫女』の別名であった」と指摘している。(1) ここで言う巫女とは、勧進を中心に、「歩き神子」などといわれながら人々の相談相手・話し相手として全国を廻り、独立の境涯に生きた無名の漂泊女性たちのことである。このような巫女たちの活動に注目して、「女性を拒まぬ山岳」としての縁故から信仰・教説の面で彼女たちとの接触を深め、自らの傘下に編成したのが、中世の熊野系修験教団であったという。また脇田晴子も、熊野比丘尼を「受戒した尼でなく尼形の巫女の総称である」と明快に規定し、彼女らの活躍が、月経の人でも参詣してよいことになっていた熊野社のあり方と関係があるのではないかと示唆している。(2)

熊野信仰の歴史は古い。本宮・新宮・那智から成る熊野三山は、阿弥陀如来、観世音菩薩などの浄土として、すでに中世以前から信仰を集めてきた。とりわけ院政期から鎌倉初期頃までは、上皇・貴族が有力な後ろ盾となっていたが、鎌倉中期以降しだいに、これら有力な擁護者を失い、その後はむしろ、独自の師檀組織を形成して全国から多くの参詣者を集める方向に向かった。師檀組織は、祈禱師と宿坊を兼ねる「御師」と、熊野まで参詣者＝檀那を引率してくる「先達」とから成り、檀那から入る初穂料をその経済的基礎としていた。中世の熊野比丘尼は、このような熊野御師、熊野先達とともに、熊野牛王宝印[3]や災難除けのお守りである梛の葉を配布したり、地獄極楽図の絵解きをしたりして、熊野信仰伝播のために活動する存在であった。

しかし、こうした宗教者としての比丘尼の姿は、近世に入ると次第に薄らぎ、むしろ歌を歌い売色（売春）する比丘尼の姿が目立つようになる。もちろん幕末に至るまで、「比丘尼は、元来熊野牛王宝印を売りに出す比丘尼なり、宝印を入し文庫を持ち、腰に勧進柄杓をさして、米をもらわせたる修行也」「昔の勧進比丘尼は地獄極楽の絵巻をひらき、人に指し教へ、ゑときして仏法を進めたりき[4]」と、本来は宗教者であった比丘尼の姿が語り伝えられている。また、近世に入っても本山熊野の統率下にあって、末寺の庵主などとして村落に定着し、あくまでも宗教者として生きた比丘尼も存在しており、従来の熊野比丘尼に関する研究も、こうした宗教者としての熊野比丘尼の実態解明に力点が置かれてきたと言ってよい。

しかし本章では、主要には、宗教者としての比丘尼ではなくむしろ売色する比丘尼を対象としたい。それは、これまで、売色する比丘尼の存在自体については指摘されて来たものの、なぜ元来宗教者であった熊野比丘尼が近世に入って売色行為を行うようになったのかについては具体的に言及されてこなかったからである。したがって、ここでは①熊野比丘尼が売色する、あるいは売色を強いられた歴史的・社会的条件とはいかなるものであったのか、②さらには比丘尼の売色は、近世の売春の中でどのように位置付けうるのか、という二点に焦点を絞り検討したい。

二　勧進の変遷

1　中世の絵解き

売色する比丘尼を検討する前提として、ここではまず、中世の熊野比丘尼のあり方を、末端比丘尼の勧進の実態から見ておく。中世の勧進とは、喜捨（きしゃ）を仰ぎ寄付を募って、それを神社仏閣や橋の修繕などさまざまな社会事業の費用に充てることを言う。これまでの研究によれば、中世の熊野比丘尼たちが喜捨を仰ぎ、寄付を募る方法としては、ひざ元の熊野で水垢離（みずごり）を取る参詣者を幣串で祓（はら）うことなども行っていたようであるが[5]、何と言ってもその中心は絵解きと牛王宝印の配布であった。絵解きと

図5　絵解きしようとする熊野比丘尼

画面中央の笠をかぶっている3人が熊野比丘尼である．抱えている箱の中に牛王宝印や地獄絵などが入っているのだろう．舟木本「洛中洛外図屏風」，東京国立博物館蔵．

は、子女を対象として文字通り地獄極楽図の解説をすることである。絵解きのわざは中世中頃から始まったと言われるが、この実態について具体的に言及した中世史料は、現在に至るまでほとんど知られていない。しかし、近世の絵画資料や文献から、中世末〜近世初頭の絵解きの態様については、かなり詳細に知ることができるようになった[6]。

それによれば、絵解きが行われたのは、まず第一に、祭礼や縁日で賑わう神社の境内、都市の広場などであった。近世初頭の絵画資料には、有髪（うはつ）が隠れる頭巾（ずきん）をかぶり、白い小袖に白帯を前結びにした比丘尼が、掛幅形式の地獄極楽図を指し示している姿が、ときに傀儡師（くぐつし）の小屋掛けや鉦叩（かねたた）き、ささら説教者などの遊行芸能者とともに生き生きと描かれている。また絵解きする比丘尼の後ろには、牛王宝印や護符の類を収める絵箱、あるいは勧進柄杓を片手に控えて座る剃髪姿の小比丘尼なども描かれており、絵解きと同時に牛王宝印や護符が配られたこと、喜捨を集めていたのは柄杓を持った小比丘尼であったことなどがうかがわれる。こうした、いわば大道芸的な絵解きと並んで、彼岸の日などに武家・商家が家ごとに比丘尼を招きいれ、銭を出して絵解きさせることもあった。このような奥座敷での絵解きが、いつ頃まで行われていたのかはっきりしないが、山東京伝の『近世奇跡考』に載せた「熊野比丘尼絵説図」の中にも、頭巾に白装束の熊野比丘尼が、高貴な地位にあるらしい女性たちに、地獄の絵巻を前に絵解きする姿が描かれているというから、近世後期に至るまで、ある程度行われていたことがうかがわれる。しかし全体としては、「（熊野比丘尼が）近国御家中又ハ町在御内所近く入られ絵解き念仏仕候得共、末世ニ至り聴聞仕候者も御座無く候ニ付、町比丘尼となり勧進修行を渡世ニいたし申候。右（中略）天文年中之由と承伝候」[7]と、戦国期の天文年中（一五三二〜五四）を境に、奥座敷に入り込んで行う絵解きの聴聞者が減少し、やがて町比丘尼として、主に市中での勧進を行うようになっていったことがわかる。

2　近世の歌比丘尼

近世に入って、絵解きに代わる勧進のわざとなったのが歌である。万治二年（一六五九）頃に書かれた『東海道名所記』[8]によれば「いつの間にか唱へ失ふて、熊野伊勢には参れども、行をもせず、戒をやぶり、絵ときをもしらず、哥(うた)を肝要とす」とあり、すでにこの頃、絵解きをせず歌を歌うことを専らとする比丘尼が存在していたことがわかる。また「我衣(わがころも)」[9]も「寛文の頃は、びんざゝらを持ち歌を唄ひし」と、寛文期（一六六一～七二）頃の、歌を歌う比丘尼の姿を伝えており、いずれも一七世紀後半には、比丘尼の勧進のわざが絵解きから歌に変わりつつあったことを示している。

しかしここで重要なことは、比丘尼の歌う歌が、本来は宗教的意味を持っていた点である。先の『東海道名所記』には、当時の歌比丘尼がなお「熊野伊勢には参れども」と、熊野信仰を負っており、歌は当初熊野が「勧進のために許し歌はせし歌」であったことが明記されている。事実、一七世紀後半に和歌山藩士が著した『紀南郷導記』[10]には「此堂ニテ牛王・矢避・火臥(ひぶせ)等ノ守、并(ならび)ニ大黒の像、順礼歌ナド比丘尼ノ商売ナリ」と記されており、比丘尼の本拠地熊野で、牛王や火臥の守り札や大黒像を売ることと並んで、順礼歌を歌うことも勧進として許されていたことがわかる。しかし、このように当初は宗教的意味を持っていたと思われる歌も、「唱歌野卑にして此時より売女の兆を顕(あら)はせり」[11]、「勧進のために許し歌はせし歌も、国風鄭風にうつりて、みな男をかたらふなかだちとなれり」[12]と、次第に俗化して売色の手段と化していった。

以上まとめると、①中世から近世にかけて、熊野比丘尼の勧進の態様は、大きくは絵解きから歌へと変化し、②歌が宗教性を失って俗化していくのと並行して比丘尼の売色が行われるようになったということになる。問題は、なぜこのように勧進の態様が変化し、売色する比丘尼が現われたのかという点であろう。結論的に言えば、それは、近世初頭の幕府による強烈な宗教統制の過程で、熊野の統制から離脱していった比丘尼たちの動向と深くかかわっていたと考えられる。次では、この点について検討しよう。

三　熊野への統制と離脱

1　巡歴する熊野比丘尼――中世後期

中世後期の社会には、個別の大名支配では掌握しきれなかったと見られる、多様な巡歴の宗教者・芸能者が存在した。そして熊野比丘尼が、山伏（やまぶし）＝修験者、遊行（ゆぎょう）・念仏聖（ねんぶつひじり）などと並ぶ、それら巡歴の宗教者の一員であったことも、これまでの研究が指摘してきたところである。しかし、巡歴の実態や熊野とのつながりについては、今も意外なほどわからない点が多い。それは、この分野の仕事を精力的に進めて来られた萩原をして「熊野比丘尼は中世の記録にはほとんど現れなかった」と言わしめる中世の史料状況によると思われる。そこで、ここでは、これまで明らかにされてきたいくつかの事実に注目し、これを整理することで、中世の熊野比丘尼の巡歴について一定の輪郭を描いておきたい。

まず第一は、熊野比丘尼の熊野における一つの中心と目される妙心寺（みょうしんじ）の院主が、中世後期に諸国を勧進している点である。たとえば享禄四年（一五三一）には妙順尼と弟子の祐珍尼が、また天正一六〜一七年（一五八八〜八九）頃には祐心尼と山伏金蔵坊とが、ともに九州を初めとする諸国勧進を行っている。[13] この勧進は、妙心寺が属する熊野神倉神社修営のためのものであり、とりわけ享禄期の場合、諸国勧進の期間は一〇年間にも及んだという。残念ながらこの時の勧進の様態はわからないが、少なくとも天正期頃までは、寺社修復のための勧進が、かなり広範囲かつ長期にわたって行われていたことがわかる。また院主という立場にない、ごく一般の比丘尼も「いつのころか、比丘尼の伊勢・熊野にまうでゝ、行をつとめしに。その弟子みな伊勢・熊野にまいる。この故に、熊野比丘尼と名づく」[14]と、熊野に巡礼し、ここで一定の行をつとめれば、熊野比丘尼の名を負って勧進に出ることができたと思われる。

第二は、妙心寺の院主が、じつは上野新田庄の出身で、巡礼の後に妙心寺に入った女性らしいとする、熊野速玉大社宮司上野元の指摘である。[15] このことは、妙心寺が、勧進に出ていく比丘尼たちの起点であるとともに、地方から来る巡礼・巡歴の女性を比丘尼として受け入れるところでもあったことを示している。この上野新田庄から来た巡礼女性の階層はわからないが、妙心寺の院主が古くは貴族層から出ていたことを考えると、それほど貧しい階層の女性ではあるまい。妙心寺は、比較的高い階層の巡礼女性を、比丘尼として受け入れていたと考えられるのである。しかし熊野全体は、貴族女性のみならず、地方の土豪の妻や、身分の低い下女クラスの女性の信仰も集めていた。また熊野山中には、比丘尼の庵や坊が存在しており、貧しい女性が比丘尼となって集団生活をしているところもあったと言われている。[16]したがって、熊野は、貧しい階層の巡礼女性をも比丘尼として受け入れていたと考えられるのである。

このように見てくると、中世の熊野は、多様な階層の巡礼女性にとって、一定の行を積めば自らを比丘尼として受け入れてくれる目的の地であるとともに、比丘尼としてそこから長期にわたる諸国勧進に赴く拠点でもあったと言えよう。

2　幕府の宗教統制——近世初頭

しかし、熊野を拠点にして比較的自由に行われていた女性の巡礼や比丘尼の諸国勧進は、近世に入ると原則的には禁じられるようになる。徳川家康は、慶長一九年（一六一四）八月、東大寺大仏殿再興のために、私領主の単位を越えた諸国勧化を許可し、諸国勧進許可権が公儀たる徳川家にあることを示した。[17]それとともに、翌元和元年七月には浄土宗法度で「号霊仏霊地之修理、不可諸国勧進事」と寺社修理のためと号して諸国を勧進することを禁じ、承応三年（一六五四）一一月の東叡山下知条々では「公儀ノ名ヲ掠（かすめ）テ堂塔建立修復ノ勧進ヲ停止（ちょうじ）ス」と公儀の名を掠めて勧進することを禁じるなど、公儀の許可しない勧進は、たとえ寺社修復のためという名分があろうとも、これを禁じる方向を明確に打ち出したのである。もちろん近世以降も、公儀たる幕府や領主の許可を得たうえでの勧進は行われており、厳密には諸国勧進の禁止ではなく制限というべきであろう。しかし、たとえ公認された勧進であっても、近世以降の勧進は、その範囲や期間、形態などの点でさまざまな制約を受けなければならなかった。その意味で、中世から近世にかけて、諸国勧進は厳しい制約の下に置かれるようになったと言えよう。

幕府は、勧進そのものを厳しく制約するとともに、巡歴の宗教者たちの統制にも乗り出した。たとえば山伏については、元和四年（一六一八）、勧進する山伏＝修験者には勧進札を持たせることとし、それ以外の山伏は、「勧進之真似山伏」として取締るよう命じている。つまり、本山に真の山伏を統制させ、その登録を受けない者を偽（真似）として取締る方式をとったのである。真似山伏停止命令の背景には、次のような幕府の認識があった。

（前略）奴僕等身のよるべなく漂白し、田舎に行て農業をつとめんことを嫌ひ、武家の勤めせんも物うきまゝ、山伏修験の弟子となり、祈禱卜筮をする事もかなはねば、伊勢愛宕の祭文一通よみ習ひ、そのまゝ諸方かけめぐり募縁して活計とし、或は伊勢熊野の勧進比丘尼を妻とし、弟子を設けおき諸方に勧進せしめ、その身程なく峯入し先達と号し金襴の袈裟をかけ院号を称し、みだりに諸人に無礼を行ふ、尤も曲事たるべしとなり。[18]

ここには、農業や武家のつとめを忌避してよるべなく漂泊し、勧進を生計の途とするような人々、祈禱や卜筮もできず厳しい修行も経ないまま安易に院号を称する「真似山伏」などを、曲事を行う違法者と見なす幕府の姿勢がはっきりと示されている。このように幕府は、公許を得ない私的な勧進を禁じるとともに、勧進を中心に諸国廻行をなす山伏など巡歴の宗教者の、本山への統制を強めたのである。

3　熊野比丘尼の統制と離脱

このような幕府の宗教統制は、当然のことながら熊野比丘尼にも及んだ。熊野比丘尼の統制については、寛文年間に制定され、勧進比丘尼の掟としても知られた「神倉願人法度状之事」によって、その概要を知りうる。[19] とりわけ、その第二条、三条には「熊野え不登、我儘申願人は急度せんさく可仕事」「登手形不持もの、又はまぎれ者等吟味仕、修行させ申間敷事」とあり、願人＝熊野比丘尼が、「登り手形」を持って、熊野へ登ることを義務づけている点が注目される。ここで「登る」というのは、熊野に一定期間籠ることであり、一般的には「年籠り」といって年末から翌年の正月まで籠ることが多かったようである。この法度では、「登り手形」を持つ比丘尼だけが正式の願人として熊野に籠ることを許されており、それ以外は「まぎれ者」として吟味・取締りの対象とされたことがわかる。比丘尼は熊野に籠っている間、香花・灯明を供えたり、堂舎修復のための寄付をしたりしたが、何よりも重要なことは、熊野に登り、こうした籠り行事に参加することで、「願職」の免許状や法号を与えられたり、免許状の更新を許されたりしたことである。「願職」の免許状とは、勧進を行うことを正式に認める許可証であり、それを手に入れた比丘尼のみが正式の熊野比丘尼として、熊野に編成・統制されたのである。

熊野比丘尼の中には、このように各地を勧進して廻る「願人」として熊野に編成された比丘尼のほかに、村落に定着して活動する比丘尼も存在した。志摩越賀(こしか)の妙祐坊は、その典型として知られている。[20] 妙祐坊は、文禄三年(一五九四)以前に越賀に定着し、ここで地域の有力者や寺の住職らの支持を得て、村内に坊を建立し、幕末に至るまで庵主として活動した。また活動の中心は、檀中村々に、熊野理性院(りしょういん)から届けられた牛王や大黒天の札を配り歩き初穂料を得るというものであった。妙祐坊の代々の庵主は、熊野の理性院から免許状を与えられており、延享二年(一七四五)には、理性院修復のために、檀中村々から一一両の寄付を集めている。このように村落に定着した比丘尼もまた熊野の管轄下にあって、免許状の交付・更新を受けることで宗教的活動を保持することができたのである。

しかし、免許状の交付・更新を受けるためには、一定期間熊野に籠ること、相応の金を上納することが必要であった。この上納金の金額はわからないが、末端比丘尼にとって、年籠りのために熊野を往復すること、相応の金を準備することは決して容易なことではなかったにちがいない。おそらく、前述の妙祐坊のように、村落に定着して恒常的に檀中村々の経済的支持を得ることなしには困難であったと思われる。

このような状況の中で、「熊野・伊勢にはまいれども、行をもせず」と、熊野を信仰するこころざしはあっても、熊野に行くだけで籠り行事にも参加せず、免許を得ることもできない、多くの貧しい比丘尼たちが生み出されたことは容易に推察できる。先の「神倉願人法度状之事」の中に出てくる、登り手形を持たず熊野にやって来る「まぎれ者」とは、このような比丘尼たちのことであろう。しかし近世の熊野にとって、「まぎれ者」は取締りの対象でしかなく、彼女たちが熊野へ行く意味は急速に失われていった。近世に入って、熊野比丘尼たちが売色に傾いていった背景には、このように熊野の統制から漏れ、離脱していった比丘尼たちの存在があったと言えよう。

次には、こうして熊野から離脱し大都市に滞留した比丘尼たちの売色の実態をあきらかにし、彼女たちの売春の意味を考えてみたい。

四　売女比丘尼

1　中　宿

近世社会において、比丘尼の売色行為が顕著になるのは、天和〜元禄期（一六八一〜一七〇三）の頃である。彼女たちの売色行為は、通常中宿（なかやど）と呼ばれる場所で行われていたと考えられる。中宿とは本来目的地に着くまでの途中の休息所のことであるが男女が密会する小宿のこともいう。「元禄より中宿ありて（比丘尼が）外へ修行に出ることなし[21]」と言われるように、元禄期頃より比丘尼が中宿をとるようになると、外へ修行に出ること、すなわち勧進に歩くことも次第に少なくなっていった。このような状況の中で、宝永三年（一七〇六）には早くも、幕府から次のような中宿停止令が出された[22]。

一、比丘尼之中宿いたし、大勢人集なと仕もの所々に数多(あまた)これ在る由、是又停止候、自今以後、比丘尼宿堅(かたく)仕(つかまつり)間(まじく)敷候(そうろう)。

ここには、当時すでに比丘尼の中宿が数多くあり多くの人々を集めて盛況であったこと、幕府がこのような比丘尼の中宿を禁じていたことが示されている。しかし取締り回避のためか、中宿の所在地は、和泉町玄冶店、芝八官町御掘り通り町家、京橋畳町、茅場町組屋敷等々、時期によって異なっており一定しなかったようである。

ところで、この中宿の実態については不明な点が多い。これが一体どのようなものであったのか、限られた史料からではあるがもう少し検討しておきたい。時代は少し下るが、寛保三年（一七四三）閏四月、幕府が売女に紛らわしい比丘尼を取締るために出した、次の町触(まちぶれ)に注目してみよう[23]。

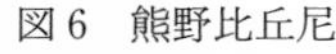

図6　熊野比丘尼

有髪（うはつ）が隠れる頭巾や笠をかぶり白い小袖に白帯を前結びにするのが熊野比丘尼の一般的な姿であった．『近世風俗志（守貞謾稿）』娼家下より．

一、勧進比丘尼ハ木綿衣類木綿頭巾着し朝宿を出、夕七ツ時前後ニは帰候処、近年ハ先々ニて花麗成衣類を着し、途中之頭巾も異様成を仕出シ、小比丘尼ニ対之衣類着させ、極晩ニ帰、又ハ先々ニ令止宿候も有之様ニ相聞、売女体ニ紛敷不届ニ候、畢竟所々ニて致中宿候故之儀ニ候、先年も相触候通り、此度比丘尼中宿弥令停止候（後略）

要約すると「勧進比丘尼は本来、木綿の衣類・頭巾を身につけ、朝自分の家を出て夕方の七ツ時頃には帰るものなのだが、近年は先々で華美な衣服に着替えて夜遅くに帰ったり、先々に泊まってきたりするなど売女に紛らわしく不届きである。それというのも、所々で中宿をするからである。先年も触れた通り、この度いよいよ比丘尼の中宿は停止である」というものである。これによれば、中宿とはあきらかに比丘尼の居所とは別の場所であり、比丘尼がそこで着替え、売女として客と出合う場であったと考えられる。家を出た比丘尼が、中宿で着替えたであろうことは、「往来は綿服なれども中宿に在ては紗綾、縮めん、縞八丈の紅裏模様を着す」[24]とあることからも裏づけられる。紗綾、縮めん、縞八丈はいずれも絹服であり、「櫛笄さゝぬ遊女にひとしく、僭上（僭越の意）の有さま也」[25]と言われるほど華麗な衣装であった。こうした衣類は、比丘尼自らが調えて中宿に預け置いたものなのか、中宿が誂えたものなのか判然としないが、いずれにしても比丘尼が、自分の居所と別の場所で客をとっていたことは確かである。そして、中宿に直接売女として抱えられていたわけではないという点において、一般の売女と異なる存在であったと考えられる。

2　勧進と売色

ところで、ここで注目されるのは、この町触が、木綿衣類に頭巾という装束で居所を出た勧進比丘尼と、中宿で華美な衣類に着替える「売女体ニ紛敷」比丘尼とが同一の比丘尼であるという認識を前提としていることである。つまり、当時一般的には、勧進比丘尼と売女比丘尼とは、一比丘尼の表裏二つの面を示していると考えられていたということになる。しかし、近世後期に書かれた随筆類には、両者が別物であったように読める記述が案外多い。たとえば、『嬉遊笑覧』(26)は、古老の話として「寛延・宝暦の初ころ迄（一七四八〜五〇年代初め頃）も、勧進比丘尼も売比丘尼もあり」と記されており、二種類の比丘尼が存在したように読める。一九世紀に入ってから執筆された『守貞謾稿』の筆者喜田川守貞も「当時は勧進比丘尼と売女比丘尼と二物の如くになりしやうに聞ゆ」と、当時は勧進比丘尼・売女比丘女の二つが別物として存在しているとの認識を示している。おそらく、現象的には勧進比丘尼・売女比丘尼の二種類が存在したことは確かであろう。また、幕末に近づくにつれて、両様の比丘尼がそれぞれ別のものとして発展した可能性も否定できまい。しかし、たとえ二種類の比丘尼が現実に存在したとしても、両者は全く別物なのではない。勧進比丘尼は、中宿で売女比丘尼にもなりうるのであり、比丘尼にとって歌を歌って勧進することと、中宿で色を売ることとは流動的であったと考えられるのである。

そのような流動性を促した一つの要因は、恣意的な幕府の取締りにあった。すなわち、「寛保（一七四一～四三）の厳禁の時には、中以下の比丘尼古来の如く勧進に出る、凡一年の間也」「延享の比（一七四四～四七）は、比丘尼の中宿禁ぜられて往来せざれども、同五年よりそろそろと元の如くになりゆき」[27]とあるように、一八世紀半ば頃の熊野比丘尼は、中宿が禁じられ取締りが厳しくなると勧進に出て、取締りが少し緩やかになると、そろそろとまた元どおり中宿で色を売るという状況であったことが知られる。

このような勧進・売色は、比丘尼が一人ひとり個人的に行っていたわけではなく、彼女たちの作る小集団を単位として行われていた。次に、その小集団内の人的関係を見てみよう。

3　比丘尼の「師弟」関係

寛文一〇年（一六七〇）、市ヶ谷に住む店借人（借家人）の八左衛門という男が、永忍という比丘尼から訴えられるという事件が起こった。[28]八左衛門が、三年前に、永忍の「弟子」遊清を盗み、自分の女房にしていたとの理由による。この結果、永忍は弟子の遊清を取り戻し、八左衛門は入牢とされた。一七世紀後半の江戸では、これとよく似た事件が他にも起こっている。たとえば、寛文二年には、比丘尼を隠し置いた権右衛門という店借人が、また貞享二年（一六八五）には、「師匠」のもとを欠落した比丘尼の「弟子」を隠し置いた長右衛門という男が、それぞれ「主人」「師匠」の比丘尼から訴えられ入牢となっているなどである。[29] これらの事件は、近世の比丘尼たちが、それぞれ単身・単独で生活していたのではなく、「主人・師匠─弟子」という主従関係・師弟関係によって結ばれていたことを示している。また主人・師匠は、弟子が欠落した場合、公権力に訴え出てこれを取り返すことができたこともわかる。師匠の弟子に対する人身的支配は強く、その拘束を逃れて欠落しても、見つかれば連れ戻されることが多かったということである。比丘尼が逃げて行った先は、おそらく馴染の男であったと思われるが、いずれも見つかれば、かくまった男は入牢とされ、さらにその後、流罪となる場合もあった。

こうした比丘尼の師弟関係について、ほぼ同じ頃に成立した『色道大鏡』（延宝六年〈一六七八〉序）「熊野比丘尼篇」[30]は、次のように記している。

> 熊野比丘尼は師匠をお寮といひ、この寮に抱え置くを弟子といふ。師弟名目に顕れぬれど持戒修善の業にあらず。己を償はん渡世のためのみなり。故に幼年の貧女を抱え集め、鬢髪を剃除して尼となし、まづ早歌をならはしむ。漸一つ二つ句を続くるに至り、いまだ物いふ舌まはらず口開けざるに、腰に檜の柄杓をさゝしめ、菅なる小笠をきせて、はや勧進に出せり。五六歳の小尼いまだ歩行だにかなはざるを、先輩につれさせて町をめぐらしむ。小尼足さだまり我すむ寮をみしりて帰りくるほどこそあれ、日々の勤めおこたらせず、或いは寒暑を厭ひなどして寮を出かぬれば、笞をもって追うつ。かへりて家に入れば勧進の米を改む。腰にさゝせたる柄杓に一はいの

米を小尼が一日の運上とす。もし柄杓にみちざる時は食をひかへてあたへず、夜は終夜早歌を稽古させしむ。眠りがちに声をくるゝ時は拳をもて頭をうつ。是獄卒に異ならずして可責に似たり。小尼英年に及び歌のふしこゑ漸境に入れば、此時黒色の帽子を免許す。是より鳥目百銭、米一升づゝを毎日の運上と定む。（後略）

これによれば、比丘尼の師匠は「お寮」と呼ばれ、弟子には「幼年の貧女」が多かったことがわかる。お寮は、こうした小比丘尼に早歌（鎌倉時代の歌謡である宴曲）を仕込んで勧進に出し、柄杓一杯の米を一日の運上とし、さらに小比丘尼が成長すると黒色の帽子を免許し、一日の運上として鳥目一〇〇銭、米一升を取り上げたとされる。ここに見られるのは、「持戒修善の業にあらず。己を償はん渡世のためのみなり」という筆者のことばに端的に示されているように、宗教者としての比丘尼の姿ではない。むしろ渡世・生業のために、歌を歌いながら勧進して歩く、勧進集団、下級芸能者集団の姿である。また貧困な階層から集められ、お寮のもとに拘束されつつ勧進を強いられた小比丘尼は、その出身階層においても人身売買的な奉公形態においても、遊廓に売られた少女、役者奉公に出された少年たちにあい通じる境遇にあったと言えよう。

このように、師弟・主従の名のもとに、強い人身的支配が内在された勧進集団においては、当然のことながら師匠から弟子に勧進が強いられることになる。比丘尼たちには一日のノルマが課され、それを達成できぬ（小）比丘尼は「笞をもって追うつ」「食をひかへてあたへず」「拳をもて頭をうつ」

と、容赦なく折檻（せっかん）された。このような中で、比丘尼たちが、金になる売色に傾いていったことは、容易に推察できる。なぜなら、ここでの勧進は、もはや神社仏閣の修理費用や熊野へ行って修行するための費用に充てるためのものではなく、生きるための一つの生業（なりわい）であるからである。本山熊野から離れて都市に生きる比丘尼にとっては、生きるための勧進は、生きるための売色に容易に転化しえたのだと言えよう。

五　賃稼ぎと売春

本章は、宗教者であるはずの熊野比丘尼が、なぜ近世以降売春行為を行うようになるのか、という素朴な疑問から出発して書いたものである。熊野比丘尼については、すでに民族学・宗教学の分野ですぐれた研究成果が蓄積されているが、筆者の非力から、それらの成果を十分に汲みつくすことができず、ただ熊野比丘尼の輪郭をとらえるのに精一杯であった。しかしその中で、近世の熊野比丘尼に限っては、以下の点を指摘しうると考えられる。

まず第一は、江戸等の大都市で売色を行っていたのは、熊野の統制から離脱した比丘尼たちであるという点である。それは、山伏でいえば本山の登録を受けない偽山伏に相当する比丘尼たちであり、事実幕府側も、熊野や伊勢の比丘尼を偽山伏の妻と見なしている。時期的には、彼女らの歌う歌が、宗教的な巡礼歌から卑俗な歌に変わっていく一七世紀半ば以降が、熊野からの離脱の過程と重なっていると思われる。こうした背景には、先に述べたように、幕府による厳しい勧進規制、熊野への登録・免許制度があったが、近世大都市における貨幣経済の発展と、大衆的売春社会とも言うべき社会状況も見逃せまい。つまり、近世の大都市には、性の売買が成り立つ大衆的市場が成立しており、安価な値で性を売る女とこれを買う男が広汎に存在していたということである。

第二は、近世における勧進組織、売色組織がともに貧困な子女を身売り的な奉公形態で抱え置くという共通性をもっていた点である。換言すれば、貧困な女性にとって、勧進も売色も、やむをえざる生業の一形態にすぎなかったということである。熊野から離脱した、あるいは離脱しつつある比丘尼にとって勧進とは、もはや神社仏閣の修復のために喜捨を仰ぐというような宗教的な行為ではなく、まさに生きるための金品を乞い願う行為、生きるための日銭を得る行為とならざるを得ない。勧進が容易に売色に傾く理由もこの点にあった。

第三は、近世後期になると、勧進、売色のみならず、賃稼ぎをする比丘尼が現われることである。この点については、本章で具体的に触れることができなかったが、寛政六年（一七九四）京都に滞在した旅行者が「京都ニハ物もらひのびくに有り。一日とめ置候得は、単物二ツも致洗濯、夕方帰り候節ハ銭弐百文米五合遣し申候由、此米ハおやかたえ、此銭ハ一日之かせぎの分ニ遣し候由」(31)と書き留めている点が注目される。ここでは「師匠―弟子」関係を前提としつつも、比丘尼の勧進の質が、洗濯稼ぎに変化していることがわかる。このことは、近世の勧進が、日銭を得るための行為であることを一層明白に裏づけているとともに、勧進が単なる「物もらひ」ではなく、労働を媒介にした賃稼ぎに変質しつつあることを示している。しかし近世の女性労働、女性の賃稼ぎもまた売色に紙一重の面がある。実際、「綿摘(わたつ)み」「蓮葉女(はすはめ)」「すあい」「提(さ)げ重(じゅう)」等々、近世の大都市で働く下層女性の多くは、容易に売色に傾き、近世知識人の随筆の中ではつねに私娼のレッテルを貼られているのである。このような賃稼ぎと売春の関係は、近代を見通すうえで大変重要であるが、この点については後日改めて検討したい。

第四章　芸者の世界

一　遊芸を売る女性

芸者は、近世前期の女踊子を一つの源流として登場し、近代以降は「ゲイシャ」として広く海外にもその名を知られた存在である。しかも、今なお宴席で芸を披露し座料を得る芸者の姿は、少なくなったとはいえ各地に見られ、その歴史は三五〇年を越す長きに及んでいる。しかしそれにもかかわらず、近世の芸者についての研究は数えるほどしかなく(1)、近年の女性史研究の中でも全くといってよいほど取り上げられてこなかった。

その理由の一つは、遊女・娼妓に比べて史料が少ないということであろう。事実、これまでの芸者研究も、吉原遊廓内の芸者を除くと、そのほとんどは随筆、文学作品を素材としたものであり、地域的にも、ほぼ江戸の芸者に限定されてきた。しかし、ここで問題となるのは、史料が少ないというこ

図7　芸者と客

傍らに三味線を置く芸者とともに客の酌をする芸者も描かれている．芸者が酌取女とも呼ばれたゆえんである．

との意味である。すなわち、そのことが、近世社会において芸者そのものが、遊女などに比べて現実に少なかったことを意味するのか、あるいは、実情はともかくとして、史料上「芸者」という呼称が用いられている例が少ないということを意味するのか、ということである。

第一の点に関しては、今これを検証することはできないが、第二の点は無視できないと思われる。なぜなら本章で扱う宮津（みやづ）の芸子は、史料的には「酌取女（しゃくとりおんな）」と記されている場合がほとんどであり、筆者自身も史料を詳細に検討するまで、これを遊芸とは無関係な売女であると思っていたからである。つまり、芸者・芸子という呼称が、明治以前においては、それほど全国的・一般的なものではなかった可能性もあるのであり、(2) 酌取女をはじめさまざまな呼称をもつ女性の中にも、芸者――すなわち遊芸を売ることを本業とし、売女とは区別されるべき女性が存在したと思われるのである。

そこで本章では、史料上の呼称にかかわらず、広く酒食の席、宴席で遊芸を売ることを本業とする女性を「芸者」と定義し、芸者とは何かについて、まず丹後宮津の酌取女を例に、より実態に即した検討を行いたい。

二　宮津の酌取女・茶汲女

1　幕末期の宮津・東新地

丹後宮津は、天正八年（一五八〇）、細川藤孝（ふじたか）・忠興（ただおき）父子が入封し、宮津城を築城してから後、細川忠興の居城であったところである。関ヶ原戦後は、豊前中津（なかつ）へ移封となった細川氏に代わって京極高知（きょうごくたかとも）が入封したが、寛文六年（一六六六）五月、二代目高国（たかくに）の時に父子不和、治世の乱れなどを理由に京極氏は改易（かいえき）となった。その後、短期間の代官支配を経たあとは、永井尚征（なおゆき）、阿部正邦（まさくに）、奥平昌成（おくだいらまさなり）、青山幸秀（ゆきひで）があいついで入封し、ひんぱんに藩主が交替したが、宝暦八年（一七五八）一二月、本（ほん）

庄資昌が七万石で入封してからは一貫して本庄氏の支配下にあり、七代目宗武の代に明治維新を迎えた。

この間、宮津は城下町・湊町として繁栄した。宮津城下町の成立過程について詳細はあきらかでないが、すでに延宝九年（一六八一）には、宮津町人の持船（一〇～三〇〇石積）四九艘の存在が確認されていることから、一七世紀後半には城下町の藩御用廻船業が成立していたと考えられる。(3)さらに近世後期以降、丹後廻船が全盛期を迎えることなどから、幕末に至るまで宮津の活況はつづいたと見てよい。明治二年（一八六九）のものと推定される『丹後国村々版籍取調帳』(4)によれば、当時の町方人口はおよそ九〇〇〇人を数えており、これは現在の宮津市全体の人口の三分の一強に匹敵する。また万延元年（一八六〇）の家数は「惣町一九二七軒」(5)とされており、これらから幕末期宮津の町方規模をおおよそ知ることができる。

宮津の城下町は、古くから本町・魚屋町・万町・職人町・白柏町・川向町を六幹町といい、その下に複数の枝町が町組として組織されていた。六幹町のうち魚屋町北側一円の海に面した地が、廓のあった東新地である。(6)

宮津に初めて遊女屋が許可されたのは、文化八年（一八一一）のことである。ここでいう遊女屋とは、おそらく、酌取女を置く置屋のことであろう。それら（酌取女置屋）は宮津町中に散在しており「市中雑居」といわれるような状況であったが、天保一三年（一八四二）に、すべて東新地へ集住するよう命じられた(7)。当時、こうした置屋は市中に一一軒あり、「栄久講」と名づけた仲間組織を作っていたが、東新地への移転命令に応じたのは、そのうちの七軒であった。それでもその後しだいに置屋仲間への加入者も増加する傾向にあり「錠泊船并旅人遊客モ相応有之、随而市中多少之金利ヲ得タル趣相聞候(8)」といわれるような繁栄をみたようである(9)。

このような経緯を見てくると、宮津の東新地も、時期こそ違え、江戸吉原、京都島原といった巨大遊廓と同様に、治安風俗の統制のために、遊女屋・置屋の市中雑居から隔離集住へと推移する中で廓として成立してきたこと、そしてその隔離集住こそが廓の廓たる所以であることを示しているといえよう。近世初頭に成立した大都市の遊廓が、周囲を堀や土塁で囲まれていたのに対して、宮津の東新地は「ロ々囲ヒ門戸」によって市中から隔離されていた。

東新地は、万延元年（一八六〇）当時の家数七二軒（うち二軒空き家）、料理屋や酌取女・茶汲女置屋が軒を並べる花街であった。しかし次に見るように、慶応二年（一八六六）には、その歴史に一応の幕を閉じることになる(10)。

慶応二年九月、東新地は晦日限りをもって「ロ々囲ヒ門戸」を取り払うべきこと、以前のように東新浜という名称に変えたうえで魚屋町名主の支配下に入るべきことが命じられた。それとともに、新地内の二五軒は他所へ引っ越し、商売替の者も晦日限りに改業すべきだが、時節がら、よんどころない事情で、場所替や普請などができない者は、居付きのまま商売を営んでもよいこととされた。これら一連の措置によって、東新地は、その「囲ヒ門戸」、「東新地」という名称を失い、それとともに一定の自立性をもった個別町としての実質も消滅した。(11)

2　東新地と『御用留日記』

万延元年（一八六〇）一〇月、魚屋町名主の西川喜兵衛が新地年寄に、白柏町の元結屋（三上）清兵衛と本町の人参屋（殿村）五兵衛の二人が「東新地取締り」に任じられた。ただし年寄の西川喜兵衛は、二ヵ月後の一二月八日に年寄役御免となり、代わって「取締懸り」の三上・殿村が「年寄役」をも兼ねることになった。

殿村家に伝わる七冊の『御用留日記』は、この二人が、「東新地取締懸り」に任じられた万延元年一〇月から、職務にかかわる公務日記として一ヵ月交替で書き始めたものである。しかし翌文久元年（一八六一）一二月、三上清兵衛が職人町名主を仰せ付けられ、東新地の年寄は殿村五兵衛一人となり、その殿村氏も同三年三月に魚屋町名主となることで「東新地取締懸り」「東新地年寄役」ともに御免となった。そのため、文久三年四月以降、『御用留日記』には東新地に関する記事がほとんど見られなくなる。(12)

『御用留日記』そのものは、殿村氏が最後に勤めた魚屋町の名主役を御免となった明治三年（一九七二）三月一九日で終わっている。しかしこれまで述べてきたように、東新地の料理屋・置屋などの実態を具体的に知りうるのは、日記の書き手である殿村氏が東新地の「取締懸り」「年寄役」を専任した万延元年一〇月から文久三年三月までのわずか二年あまりの間だけである。以下、この限られた二年あまりの『御用留日記』と丹後郷土資料館所蔵の三上家文書から、可能な限り東新地の酌取女・茶汲女や置屋の実態を探ってみたい。

なお、以下の本文中、特別に注記しない限り、用いた史料はすべて『御用留日記』によっている。

3　酌取女と茶汲女

幕末維新期の宮津の酌取女・茶汲女の総数については、その概要のみ知りうる。文久二年（一八六二）七月、東新地で「麻疹（ましん）」が流行した。その際に行われた罹患者調査によれば、「酌取女六十壱人内、五十九人致（いた）（す）」「茶汲女三十四人内、三十四人致（す）」とされており、当時少なくとも酌取女六一人、茶汲女三四人の合計九五人が存在したことが確認される。さらに一〇年後の明治五年（一八七二）の『酌取女人員書上帳』『茶汲女人員書上帳』[13]によれば、酌取女五一人、茶汲女二一人の名が書き上げられている。これらの点から、幕末期には、正規に登録された酌取女・茶汲女が、七〇〜一〇〇人程度は存在したと推定される。

酌取女と茶汲女とは、ともに廓内の女性であるにもかかわらず、両者の間には際立った違いが見られる。まず、酌取女の多くは、玉助、梅路、花松、八重松などのいわゆる源氏名（げんじな）をもち、「芸者」「芸

表2 抱え届

年月	抱え主	出身地	
万延元年(一八六〇)三月	ちし屋 幸七	茶汲女	田辺神崎村 よし娘 とみ(一七歳)
文久元年(一八六一)			
正月	大根屋 万助	酌取女	京都二条川東法皇院北門前 新屋慶蔵娘 きぬ(一四歳)
正月	泉屋 長治	茶汲女	田辺上之町 大坂屋喜七娘 しげ(一七歳)
二月六日	松田屋 七兵衛	酌取女	京、大黒町五条上ル 田宮政五郎娘 美き(一六歳)
〃	油屋 久右衛門	〃	京、錦小路高倉東ェ入 大津屋文五郎娘 千代哥(一五歳)
〃	万十屋 かの	〃	京、七条下魚之棚 柏屋栄吉娘 ぬい(二二歳)＊1
〃	泉屋 長治	茶汲女	久美浜寿楽町 山崎屋永三郎娘 とき(二七歳)
〃	布袋屋 五助	酌取女	京、不明通五条下ル 鍵屋惣七娘 ちう(一五歳)
	〃	〃	同、八坂口桝屋町 八木屋清次郎娘 よね(一五歳)
〃	附木屋 その	〃	京、武者小路新町 伊野屋安兵衛娘 むめ(一九歳)
〃	安屋 長吉	茶汲女	峰山中町 丸岡屋要助娘 たき(二五歳)
三月七日	桝屋 市郎助	酌取女	京、大仏境内下棟梁町 尾張屋治郎助娘 やゑ(一九歳)
〃	波見屋 万助	〃	京、木屋町四条上ル 大村屋市三郎娘 たい(一二歳)
〃	〃	〃	京、祇園新地橋本町 嶋屋守吉娘 まき(一四歳)
〃	万十屋 かの	〃	京、木屋町四条上ル 丹波屋ゆく娘 八重(一八歳)
〃	〃	〃	京、黒門通丸太町 油屋五兵衛娘 きみ(一四歳)
〃	〃	〃	京、祇園町北側 蔦屋つる娘 とも(一八歳)
三月八日	樋屋 清平	茶汲女	播州山崎村 武七娘 よね(二一歳)

四月	真柏屋　ちゑ	酌取女	京都七条新地　泉屋藤兵衛娘　小きみ(一五歳)
〃	〃	〃	〃伏見中書嶋柳町　八百屋乙右衛門娘　常枝(一九歳)
〃	松屋　弥助	茶汲女	峰山中郡新町　利右衛門娘　とわ(二一歳)
〃	角屋　勘四郎	〃	但馬藪郡藪村　久兵衛娘　うた(一八歳)
〃	勇屋　儀助	酌取女	京、祇園新地麓町　近江屋竹次郎娘　きく(一八歳)
〃	真柏屋　ちゑ	?	大坂天王寺町法岩寺門前　大和屋与兵衛娘　うの(?)
五月二四日	波見屋　万助	酌取女	京、不明通五条下ル　鍵屋惣七娘　ちう(一五歳)*1
六月　五日	綿屋　惣兵衛	茶汲女	久美浜御支配友重村　半次郎娘　ふさ(二五歳)
六月　七日	因幡屋　ふさ	酌取女	京、蔵所門前金替町　山形屋忠次郎娘　つね(一六歳)
六月二五日	角屋　弥平次	〃	京、西新屋敷太夫町　伊野屋喜八娘　みつ(一七歳)
七月	古河屋　とめ	〃	京都祇園町坂ノ下　亀甲屋喜兵衛娘　うめ(年不詳)
八月三日	万十屋　かの	養子	丹波舟井郡須知村　庄兵衛娘　小菊(一六歳)
〃	ちし屋　幸七	茶汲女	若州小浜泉町　山田屋重吉娘　志津(二〇歳)
〃	桶屋　清平	〃	京、西六条御馬屋通り　能登屋八右衛門娘　菊枝(二二歳)
一〇月　四日	桝屋　市郎助	酌取女	京、松原通六堂前　伊勢屋しげ娘　とめ吉(一九歳)
〃	〃	〃	京、新烏丸竹屋町　高嶋屋藤兵衛娘　照吉(一八歳)
一〇月　六日	真柏屋　ちゑ	〃	京、清水五丁目　大和屋市之助妹　久吉(一三歳)
〃	泉屋　長治	茶汲女	姫路山之井村　太助娘　みつ(一九歳)
一〇月二一日	角屋　勘四郎	〃	京、猪之熊三条下ル　丹後屋幸助娘　よし(一九歳)
一〇月二三日	文珠屋　岩四郎	〃	峰山不断町　篠原嘉兵衛娘　こう(一八歳)
一〇月二七日	布袋屋　駒蔵	酌取女	京、建仁寺町門前博多町　若さ屋彦兵衛娘　きぬ(二一歳)
〃	獅子屋　幸七	茶汲女	播州姫路猪野町　米屋しゆん娘　とく(一八歳)
一一月	(置屋)鍵屋　和三郎	酌取女	京都古宮川町　鎊屋岩次郎娘　あい(一三歳)

二月	石屋　彦兵衛	茶汲女	京都先斗町四条上ル　大和屋彦次郎娘　ひさ(二四歳)
〃	桶屋　清兵衛	〃	御領分新宮村　伊左衛門娘　うの(一九歳)
〃	酒見屋　定造	酌取女	京都新屋敷揚屋町　橘屋源之助娘　よね(一七歳)
三月三日	安屋　長吉	茶汲女	若州小浜瀬木町　柴屋栄助娘　まつ(一九歳)
〃	綿屋　惣兵衛	〃	敦賀一向堂町　能登屋次郎兵衛娘　ひさ(一九歳)
文久二年(一八六二)			
二月九日	平田屋　吉兵衛	酌取女	京、松原通建仁寺東へ入　近江屋与兵衛娘　ふさ(一七歳)
二月一八日	文珠屋　岩四郎	茶汲女	若州小浜猟師町　紙屋儀助娘　みつ(一八歳)
〃	〃	〃	当国峰山札町　但馬屋みよ娘　とみ(一八歳)
二月二七日	油屋　久兵衛	酌取女	大坂高津新地九丁目　堺屋小兵衛娘　ゑみ(二〇歳)
〃	真柏屋　ちゑ	〃	京、万寿寺麩屋町　ひし屋長七娘　みさ(一九歳)
二月二八日	大根屋　万助	〃	京、祇園町新地元吉町　木下屋りき娘　笑松(一八歳)
三月一〇日	布袋屋　五助	〃	大坂幸町二丁目　大和屋伊兵衛娘　鶴(一九歳)
〃	江尻屋　理助	〃	京都二条通室町西入　井筒屋清助娘　みつ(一七歳)
三月二三日	角屋　勘四郎	茶汲女	若州小浜塩屋町　木挽惣八娘　はつ(一五歳)
〃	真柏屋　ちゑ	酌取女	京八軒　鳥羽屋宇吉娘　小哥(一六歳)
〃	〃	〃	京、祇園下河原　大和屋弥兵衛娘　房二(一六歳)＊2
四月一日	見吉屋　市兵衛	〃	京、北野下之森　平野屋勘助娘　ちか(一八歳)
四月八日	文珠屋　岩四郎	茶汲女	田辺引土町　鍛冶藤兵衛娘　かめ(一九歳)
〃	獅子屋　幸七	〃	但馬豊岡木町　油屋茂助娘　ふさ(一七歳)
〃	白木屋　ひさ	〃	京、中道通松原上ル　近江屋源太郎娘　小鶴(一九歳)
〃	〃	〃	田辺神崎村　瀬崎屋太七娘　千代松(一九歳)
四月一七日	俵木屋　つき	酌取女	京、蛸薬師御幸町西へ入　香具屋弥三郎娘　うた(一六歳)＊3

四月三日	〃	〃	京、祇園町南側　丸屋林之助娘　わさ(一五歳)
四月二七日	大美屋　嘉平	〃	若州小浜猟師町　樽屋美助娘　小つる(一八歳)
四月晦日	真柏屋　ちゑ	〃	京都四条小橋西へ入　柊屋左兵衛娘　雛路(一七歳)
五月三日	綿屋　惣兵衛	茶汲女	京都祇園清井町　玉屋芳三郎娘　とめ(二〇歳)
五月二七日	桶屋　清平	〃	御領分下山田村　治郎右衛門娘　はな(一七歳)
六月	波見屋　万助	酌取女	京、祇園新地元吉町　菊屋房次郎娘　末吉(一六歳)
〃	〃	〃	京、祇園新地元吉町　大坂屋なか娘　寅吉(一六歳)
六月晦日	追掛屋　とめ	茶汲女	当国田辺七日市村　竹屋源右衛門娘　はる(二三歳)
〃	桶屋　瀬兵衛	〃	若州小浜　丹波屋九右衛門娘　はる(一九歳)
七月	河辺屋　与兵衛	酌取女	京、仏光寺東洞院　河内屋金助娘　花吉(一五歳)
〃	安屋　長吉	茶汲女	京、万寿寺麩屋町　菱屋長七娘　みさ(一九歳)＊4
〃	油屋　久兵衛	酌取女	京都五辻通千本東へ入　小松屋由兵衛娘　多津(一五歳)
閏八月	松屋　弥助	茶汲女	丹波多紀郡中村　清助娘　きく(二二歳)
〃	真柏屋　ちゑ	酌取女	京、糸屋町今出川上ル　蛭子屋善助娘　小なみ(一六歳)
閏八月二六日	泉屋　長治	茶汲女	越前敦賀丁持町　茶泉市兵衛娘　はつ(一九歳)
九月	江尻屋　惣七	酌取女	大坂天満川崎　富田屋さき娘　志津(一八歳)
九月五日	田井屋　お順	〃	京、宮川町二丁目　木屋すみ娘　米吉(一五歳)
〃	因幡屋　ふさ	茶汲女	京、北野境内真盛町　尾張屋安太郎娘　きみ(一九歳)

＊1　この後別の店にまた抱えられた者。
＊2　同時に米屋久助方へ住み替え。
＊3　即死亡。
＊4　真柏屋ちゑ方より酌取→茶汲女として抱える。

表3　酌取女・茶汲女の出身地

	京都	大坂	若狭越前	丹後	丹波	但馬	播磨	
酌取女	41	4	1					46
茶汲女	7	0	7	9	5	2	3	33

宮津『御用留日記』より．

子」などとも呼ばれていたことから、遊芸を身につけていたことがうかがわれる。しかし茶汲女の方は源氏名を持たない場合が多い。

さらに両者の違いは、その出身地にも表われている。表2・3は、異動がわかる万延元年（一八六〇）一〇月から、文久二年（一八六二）九月までの約二年の間に、「抱え届」の出された酌取女・茶汲女と、その出身地を国別・地域別にまとめたものである。これを見ると、この間に抱えられた酌取女四六人のうち、四一人までが京都の出身である。しかも詳細に検討すると祇園、木屋町、新地や寺社門前など花街としての性格が色濃い町から出ている。しかしこのことは、宮津の酌取女が「京生まれの京育ち」であることを直接に意味するものではなかろう。むしろ京都の芸子・舞子などの置屋を養親として、その置屋から宮津へ抱えられて来たと考える方が自然である。つまり、各地から集められた娘たちが、いったん京都の置屋の養女となり一定の遊芸を身につけた後、宮津の酌取女として抱えられたのではないかと考えられるのである。遊芸の中心は、酌取女が三味線を携えて客座に上がっている点[14]、「手踊り興行」が行われている点[15]などから、三味線と踊りであったことがわかる。

これに対して、茶汲女の方は京都以外にも若狭、越前、丹波、但馬、播磨等々から広く抱えられており、田辺神崎村、播州山崎村、但馬藪村など農村出身の娘たちも少なくない。しかも抱えられた時の年齢は、酌取女が一二〜二二歳（平均一六・七歳）、茶汲女が一五〜二七歳（平均一九・七歳）と、酌取女の方が相対的に若い。

このように見てくると、酌取女の方は比較的若くして抱えられ、遊芸を身につけた芸者としての側面を強く持っていたと言うことができよう。茶汲女の実態についてはわからないことが多いが、農家の娘がそのまま抱えられている例などから、遊芸を身につけていたとは思われない。おそらく、売女としての側面が強かったと考えてまちがいあるまい。

次に酌取女・茶汲女の年季について見てみよう。『御用留日記』には「新規抱え届け」の他に「親元へ差戻し届け」も記載されている。表4は万延元年一二月から文久二年八月までの間に親元へ戻された①酌取女・茶汲女の名前と年齢、②抱え主、③親元の名前・住所、を表示したものである。酌取女・茶汲女の区別や抱えられた年月などの記載を欠いている部分もあり不十分ではあるが、いくつかの点について指摘しておきたい。

第一は、酌取女（もしくは酌取女と推定される女性）の大半が京都の親元へ戻されており、前述のように酌取女が京都から来ていたことを裏づけているということである。政吉・菊吉・てる吉、小春・小鶴、繁松・千代松などはあきらかに源氏名であろう。第二に、酌取女・茶汲女たち全員の正確な年季は不明ながら、抱え届が出された年月が記載されている者たちに限って見ると、宮津での勤め年数が

表4　親元へ差戻し届

	抱え主		
万延元年(一八六〇)			
三月	泉屋	茶汲女	網野村　小松屋政吉娘　とふ
〃	ちし屋	〃	敦賀南町　茶屋市兵衛娘　はつ
〃	波見屋　万助	酌取女	若州柳町　丹波屋加代娘　小政
〃	大美屋　嘉平	〃	京、高辻油小路西入ル　美濃屋伊兵衛娘　いせ
文久元年酉(一八六一)			
二月一八日	納屋　孝七	酌取女	京、七条下魚之店　柏屋栄吉娘　ぬい(二二歳)
〃	泉屋　長治	茶汲女	若州小浜柳町　□美屋仁助娘　とく(二一歳)
〃	松屋　弥助	〃	御領分三河内　卯之助娘　むめ(二五歳)
〃	白木屋　ひさ	〃	〃　四辻村　兵蔵娘　きみ(一九歳)
〃	美濃屋　彦七	酌取女	京、祇園町新地清元町　大坂屋栄吉娘　きみ(二一歳)
〃	新屋　久助	茶汲女	但馬小野市場村　戸田久四郎娘　つき(二一歳)
〃	因幡屋　ふさ	酌取女	京、祇園町南側　京扇屋安五郎娘　よね(一九歳)
〃	安屋　善吉	茶汲女	敦賀紙屋町　長浜屋定五郎娘　ふし(二五歳)
〃	大根屋　万吉	酌取女	京、松原南町裏行幸町　紀伊国屋幸娘　お寿(二〇歳)
三月七日	桝屋　市郎助	〃	京、建仁寺町四条下ル　尾張屋辻蔵娘　はな(一七歳)
四月	泉屋　長治	茶汲女	田辺上ノ丁　大坂屋喜七娘　しけ(一七歳)
〃	真柏屋　ちゑ	酌取女	京、建仁寺門前上柳町　丹波屋嘉兵衛娘　八重(一五歳)
五月一〇日	布袋屋　駒蔵	〃	越前福井木田　浜地屋喜助娘　梅(二二歳)
五月二一日	布袋屋　五助	〃	京都不明通五条下ル　鍵屋惣七娘　ぢう(一五歳)＊

七月一八日	真柏屋　ちゑ	酌取女	京、七条出屋敷八百屋町　柏屋栄吉娘　政吉(一五歳)
八月三日	桝屋　市郎助		京、祇園新地末吉町　中村屋新次郎娘　とき(一七歳)(去申三月届)
〃	酒見屋　定造		京、松原通建仁寺町東入轆轤町　大坂屋伊右衛門娘　菊吉(一六歳)(去申三月届)
〃	ちし屋　幸七	茶汲女	若州小浜猟師町　山崎屋金吉娘　ふさ(二一歳)(届年月日不明)
一〇月　四日	枡屋　市郎助	酌取女	京、大仏境内下棟梁町　尾張屋治郎吉娘　八重(一九歳)(当三月届)
一〇月　六日	真柏屋　ちゑ		伏見中書島柳町　八百屋乙右衛門娘　常枝(一九歳)(当四月届)
〃	〃	酌取女	京、西新屋敷揚屋町　近江いよ娘　雛次(二一歳)(六年前辰年一〇月届)
一〇月二七日	獅子屋　幸七		領分懸津村端郷遊村　直次郎娘　ひし(去年九月届)
三月一五日	布袋屋　五助		京、松原建仁寺町轆轤町　大和屋久兵衛娘　せい(一六歳)(三年前三月届)
〃	文珠屋　岩四郎		敦賀一向堂町　能登屋次郎兵衛娘　ひさ(一九歳)
三月	田井屋　しゅん	(養子)	当国田辺御城下平野町　鍛治市右衛門娘なお(一六歳)(去年二月届)
文久二年(一八六二)			
一月二六日	田井屋　お順		大坂戎嶋町　豊後屋平右衛門娘　小春(二六歳)(八年前一一月届)
二月　九日	平田屋　吉兵衛		京、新門前縄手　大坂屋徳右衛門娘　滝野(二一歳)(三年前申年閏月届)
二月一八日	桝屋　市郎助		京、新烏丸竹屋町　高嶋屋藤兵衛娘　てる吉(一八歳)(去酉年一〇月届)
〃	かと屋　勘四郎		京、猪熊二条下ル　丹波屋幸助娘　よし(二〇歳)(去酉年一〇月届)
〃	〃		但馬養父郡養父村　久兵衛娘　うた(二〇歳)(去酉年四月届)
〃	〃		但馬養父郡大藪村　日高屋藤助娘　とく(一九歳)(去酉年六月届)
〃	万十屋　かの		京、七条下魚ノ棚　柏屋永吉娘　ぬい(二一歳)(去酉年二月届)
〃	茶碗屋　かつ		京、清水四丁目　大坂屋きぬ娘　ぬい(一九歳)(去酉年一二月届)
〃	〃		越前敦賀新町　中屋善四郎娘　ふさ(二一歳)(三年以前申年三月届)
〃	新屋　久助		若州小浜大西町　升屋孫右衛門娘　小鶴(不明)(四年以前未年五月届)

〃	附木屋　その		京、武者小路新町　伊勢屋安兵衛娘　むめ(二〇歳)(去酉年二月届)
〃	ちし屋　幸七		若州小浜泉町　山田屋重吉娘　しづ(二一歳)(去酉年八月届)
二月一九日	文珠屋　岩四郎		京、先斗町　大坂屋八兵衛娘　小とく(二一歳)(去酉年二月届)
〃	松屋　弥助		御領分嶋溝川村　梅吉娘　まつ(二一歳)(三年前申年一〇月届)
〃	〃		若州小浜　煙草屋治郎右衛門娘　はま(二七歳)(六年前巳年三月届)
〃	〃		丹波氷上郡酒梨村　佐平娘　みつ(二〇歳)(四年前未年二月届)
〃	桶屋　清平		播州山崎村　武七娘　よね(二一歳)(去酉年三月届)
〃	俵木屋　つき		京、建仁寺松原上ル小松町　俵屋八重娘　小栄(一六歳)(三年以前申年一〇月届)
〃	〃		京、七条新地早苧町　山城屋寅吉娘　繁松(一七歳)(三年以前申年届)
二月二七日	はみ屋　万助		京、祇園町南側　山城屋治兵衛娘　小ひさ(二〇歳)(六年以前巳年四月届)
三月一日	白木屋　ひさ		京、中道松原上ル　近江屋源三郎娘　小鶴(一九歳)(四年以前未年一一月届)
〃	〃		京、大宮御池　かめ屋栄三郎娘　小枝(二四歳)(四年以前未年一一月届)
三月二三日	石屋　彦兵衛	茶汲女	京、先斗町四条上ル　大和屋彦次郎娘　ひさ(二五歳)(去酉年一一月届)
三月二四日	綿屋　惣兵衛		若州小浜柳町　谷口屋たみ娘　ます(二一歳)(三年以前申年九月届)
四月八日	白木屋　ひさ		丹波福知山新町　久美屋利助娘　はま(二七歳)(去酉年二月届)
四月二七日	角屋　弥平次	酌取女	不詳
六月	白木屋　ひさ		田辺御領分神崎村　大七娘　千代松(一九歳)(当戌四月届)
〃	真柏屋　ちへ		京、八軒　鳥羽屋宇吉娘　小哥(一六歳)(当三月届)
〃	おけ屋　清平		京、西六条御馬屋通り　能登屋八右衛門娘　菊枝(二二歳)(去酉年九月届)
〃	因幡屋　ふさ		京、下之森七本松　丹波屋ふさ娘　小鶴(一八歳)(三年以前申年七月届)
〃	石屋　彦兵衛		京、建仁寺門前下柳町　近江屋平兵衛娘　さき(二四歳)(去酉年三月届)
七月	納屋　藤七		京、嶋原揚屋町　□屋源之助娘　梅香(二五歳)(八年以前卯年五月届)

〃	綿屋　惣兵衛	京、祇園町清井町　玉屋芳三郎娘　とめ(二〇歳)(去酉年五月届)
〃	真柏屋　ちゑ	京、万寿寺麩屋町　菱屋長七娘　みさ(一九歳)(去ル二月届)
〃	桶屋　清平	御領分下山田村　治郎右衛門娘　はま(一七歳)(去ル五月届)
〃	ちし屋　幸七	但馬豊岡寺町　油屋茂助娘　ふさ(一七歳)(去ル四月届)
〃	酒見屋　定蔵	京、木屋町四条下ル三丁目　丸尾八重娘　ゑい(二〇歳)(三年以前中年三月届)
八月	泉屋　つる	田辺大川村　文吉娘　たき(一九歳)(三年以前中年三月届)
〃	〃	久美浜寿楽町　山崎屋栄三郎娘　とき(二八歳)(去酉年二月届)
〃	油屋　久兵衛	京五辻千本東入　小松屋由兵衛娘　たつ(一六歳)(当戌年七月届)
〃	松屋　弥助	丹波多紀郡中村　清助娘　きく(二二歳)(当月四日届)
〃	桶屋　清平	若州小浜松寺町　丹波屋九右衛門娘　はる(一九歳)(当戌年七月届)
〃	〃	御領分新宮村　伊右衛門娘　うの(二〇歳)(去酉年一一月届)

相対的に短いことがわかる。最も長いのが、大坂戎嶋(えびすじま)町出身の小春(二六歳)、京都島原揚屋町の梅香(二五歳)の二人が八年前の卯年(安政二年〈一八五五〉)に抱えられた例で、まる七年間勤めたことになる。他は一～三、四年のうちに親元へ戻された場合が多く、十代で一年も勤めぬまま宮津を去った酌取女も少なくない。このように若くして京都の親元へいったん戻された酌取女は、その後また地方の芸子として勤めに出たり、京都で勤めたものと考えられる。また表5によれば、宮津町内での抱え主の変更(いわゆる住み替え)も二年間で二〇件あり、新地内での移動もかなり盛んであったと見られる。丹後の酌取女が、京都を一大供給拠点としつつ、比較的短期に勤め先を変える流動的な状況がう

かがわれる。しかしこのことは、芸子自身の自立性が相対的に高かったことによるものではなく、むしろ「京都―北陸」間の口入人(くちいれにん)の活動が活発であったこと(16)、宮津の置屋仲間の力が強く、売れっ子を求めて常に新しい女性たちを得ようとして、客の取れない酌取女たちを早々に親元へ戻したことによるものと考えられる。

そこで次節では、芸子と置屋との関係に視点を移し、置屋の実態、置屋仲間の芸子支配のあり方に

表5 移動

年 月	元の抱え主	引き取り抱え主	
万延元年(一八六〇)三月	波見屋 万助	石川(河)屋 かん	京都五条東洞院 かめ屋利兵衛娘 (酌)久香(一七歳)
〃	〃	ふしや たい	京、宮川町松原上ル 播磨屋正兵衛娘 (酌)里吉(一四歳)
文久元年(一八六一)正月	波見屋 義七郎	米屋 利助	伏見白金町 萱葺屋久兵衛娘 (酌)春路事ふさへ(一五歳)
〃	附木屋 利兵衛	白木屋 ひさ	丹波福地山新町 久美屋利助娘 (茶)はま(一七歳)
二月七日	追掛屋 登免	桶屋 清平	京、清水坂四丁目 大根屋きぬ娘 (茶)ぬい(二二歳)
二月一八日	文珠屋 岩四郎	茶碗屋 かつ	敦賀新町 中屋善四郎娘 (?)とよ(一九歳)
〃	見吉屋 市兵衛	文珠屋 岩四郎	京、先斗町 大坂屋八兵衛娘 (茶)小とく(二二歳)
〃	河内屋 与兵衛	真柏屋 ちゑ	京、七条出屋敷八百屋町 柏屋栄吉娘 (酌)政吉(一五歳)
二月	綿屋 惣兵衛	角屋 勘四郎	敦賀 瀧本屋作兵衛娘 (茶)きく松(二二歳)
〃	茶碗屋 かつ	新屋 久助	若州小浜両し(猟師)町 内田屋伊兵衛娘 (茶)きん(一九歳)

三月　八日	酒見屋　定造	石屋　彦兵衛	京、建仁寺門前下柳町　近江屋平兵衛娘　(酌)きさ(一三歳)
四月二六日	真柏屋　ちゑ	古川屋　とめ	京、七条新地　泉屋藤兵衛娘　(酌)小きみ(一五歳)
五月　六日	万十屋　かの	米屋　久助	(新規(1))　(酌取)八重
七月	古川屋　とめ	酒見屋　定造	京都七条新地　泉屋藤兵衛娘　小きみ(いったん古川屋→真柏屋ちゑ方へ差し戻し、真柏屋ちゑ方から酒見屋定造方へ)
三月三日	桶屋　清平	茶わん屋　かつ	京、清水四丁目　大坂屋きぬ娘　(茶)ぬい(一七歳)(本年酉年二月届)
文久二年(一八六二)			
二月　五日	万十屋　かの	松田屋　喜助	京、祇園町　蔦屋つる娘　(酌)とも(一九歳)(去酉年三月届)
二月　七日	真柏屋　ちゑ	米屋　利助	京、清水五丁目　大和屋市兵衛娘　(酌)久吉(一四歳)(去酉年一〇月届)
二月二三日	〃	米屋　久助	京、祇園町下河原　大和屋弥兵衛娘　(酌)房二(一四歳)(去酉年一〇月届)
三月二三日	〃	〃	京、祇園町下河原　大和屋弥兵衛娘　(酌)房二(一六歳)(去酉年一〇月届)＊1
七月	平田屋　吉兵衛	河辺屋　与兵衛	京、安井前月見町　奈良屋菊次郎娘　(酌)くみ(一六歳)(三年前申年九月届)
閏八月二六日	美濃屋　彦七	納屋　藤七	京、二条新地中川町　大坂屋吉次郎娘　(酌)みつ(一六歳)(去申年九月届)
〃	安屋　長吉	真柏屋　ちゑ	京、万寿寺麩屋町　ひし屋長七娘　(茶)みさ(一九歳)(当七月届)＊2
閏八月	米屋　利助	但馬豊岡町鍋屋　孝七	京、清水五丁目　大和屋市之助娘　久吉(一四歳)(当戌年正月届)

＊1　二月二三日と重複記載。
＊2　真柏屋ちゑ方へ差し戻し(表2参照)。

ついて検討したい。

三　置屋仲間と芸子

1　置屋と料理屋

宮津の東新地は「町分け」と称して、安政三年（一八五六）に惣町から分離されたが、注目すべきは、この時「酌取女置屋（へ）茶汲女差置、茶汲女置屋（へ）酌取女差置可申（さしおきもうすべし）」という命令が出されたことである。[17] このことは、次の二点を意味している。すなわち①従来、酌取女の置屋と茶汲女の置屋とは区別されており、それぞれ専業化していたこと、②しかし今後（安政三年以後）は、どちらの置屋も区別なく酌取女・茶汲女を置けるようにせよと命じられた、ということである。この命令は、藩権力の意向を受けた町役所から出されたものと考えられる。藩権力にとって、置屋が酌取女だけを置くか、それとも酌取女・茶汲女の双方を置くかなどということは、いわばどちらでも良い問題であったであろう。しかし、この問題は、当事者の置屋たちにとっては重大な問題であったらしく、なかなか決着しなかった。

前述のように、京都で一定の遊芸を身につけた酌取女（芸子）と、主として地方出身の娘で遊芸を身につけることなくもっぱら売春に従事した茶汲女（売女）とでは、前者の方が格上と見なされており、置屋仲間としての歴史も酌取女の置屋の方が古い。両者が全く「平等に」なることに難色を示したのは、酌取女の置屋の方であった。結局この件は、茶汲女の置屋九軒のうち、四軒が酒料として一両ずつを出して酌取女の置屋仲間へ加入（上昇）し、残る五軒は「門立茶汲女屋（かどだちちゃくみおんなや）」と称すること、そのうえで、同一の置屋仲間規定を守ることで落着した。つまり、一応形式的には一つの「置屋仲間」に統合されたわけであるが、その内部には依然として、「酌取女置屋」と「門立茶汲女屋」との格差・矛盾が残ったのである。その後も、酌取女の置屋の中には、置屋規定を無視する「門立茶汲女屋」は置屋仲間から排除すべきだという強硬な意見をもつ人々が少なくなかった。

　こうして、ともかくも形式的には置屋仲間の一本化は実現したわけだが、今度は万延元年（一八六〇）、料理屋たちが訴えを起こした。料理屋たちの言い分は、おおむね次のような内容であった。

「酌取女の置屋は、茶汲女の置屋と料理屋との『三職』を兼ねている。そのため、料理屋のみの営業では太刀打ちできず渡世が困難である。しかし、酌取女の置屋仲間に加入するためには高額の振舞料を払わなければならず、それもままならない。いっそ置屋仲間などはなくし、自由に酌取女でも茶汲女でも置けるようにしてほしい」。

　以上のような料理屋の言い分に対して、酌取女の置屋たちは、「我々の仲間の中には、料理屋一職から茶汲女置屋、酌取女置屋と段々に商売を加えて二職、三職になってきた者もいるし、今後三職の者が一職になるやもしれない」と、努力次第で、商売を広げることも縮小を余儀なくされることもあるとしたうえで、取締りのためには、このような仲間組織をなくしてはならないと従来通りの権益を主張している。町役所の「御利解」（藩権力側の意向）としては、料理屋側の主張を容れて仲間の解消を示唆したが、酌取女の置屋たちも譲らず、結局、酌取女の置屋側の主張が通ったものと思われる。文久年間（一八六一〜六三）の仲間への加入願書を見ると大半は「新規料理屋願」もしくは「料理屋之処酌取・茶汲置屋願」であり、新規に置屋仲間に加入したいという願書はほとんど見られないからである。まず料理屋として開業し、後に（おそらくはかなり高額の振舞料を払うことで）置屋仲間に加入するというのが一般的であったろう。

このように、少なくとも幕末の廓は、置屋仲間と料理屋仲間とから構成されており、置屋仲間内部にも、茶汲女（売女）を置く置屋（「門立茶汲女屋」）と、主として酌取女を置くが茶汲女も置く置屋（「酌取女置屋」）との確執が内在していたということができる。廓を構成する、これら諸業者が、芸子・売女を元手に、時に権益を争い、時に妥協・共存するという構造は、近代以降の廓の構造に引き継がれていった。

2　見番制と置屋仲間

一般に、客が置屋の芸子を座敷に呼ぶ場合、いわゆる見番（けんばん）と言われる取締り所を通さなければならなかったことはよく知られている。

吉原遊廓では、安永八年（一七七九）に角町の家持町人で庄六という者が、吉原のさまざまな普請・修復工事などを一手に引き受けるかわりに、一〇〇枚を限って芸者に鑑札を出し、芸者から世話料を取る権利を独占的に手に入れた(18)。庄六の事務所には、二人の番頭と十数人の手代がおり、帳場の上には芸者の名題を札に記しておき、客から声がかかると、その札を裏返して、「何楼で何本の買い上げがある」という事を帳面に記したという。「何本の買い上げ」というのは、芸者揚代が時間ぎめで、線香一本でいくらというように計ったからである。吉原遊廓内の見番は、芸者揚代の三〜五割を取り上げる絶大な特権を与えられていた。それは廓内の芸者が、売女まがいの行為をして遊女屋の営業を妨害しないよう監視する役割を期待されていたからである。

このように、芸者と客との間の仲介や芸者の取締りを行う見番組織は、当然のことながら宮津にも存在した。しかし宮津では「見番」の語は使われていなかったようであり、史料の中では単に、「店方」、あるいは「看場」などと表現されている。従来、近世の芸者見番組織については、江戸吉原の廓内見番の他にほとんど知られてこなかった。宮津の東新地にあった「店方」「看場」は、遊廓内にある吉原の見番と共通している面もあるが、それ以上に、置屋の仲間組織としての独自性が色濃い。ここでは、これらの点について、いま少し見ておこう。

以下、宮津の見番については一般の見番と区別するために、「店方」、もしくは「店方見番」と表わすことにする。

宮津の店方見番の特徴として、まず第一に指摘できるのは、専従の番頭・手代などがいなかったという点である。次の史料は、そのような店方見番運営の一端を示している。(19)

店方勤番之者 并(ならびに) 支配人与兵衛一同之処、諸勘定向 甚(はなはだ) 閑等(等閑カ)ニ相成候ニ付、当十月朔日(ついたち)より相改勤番弐人、組頭壱人、〆三人ニて諸勘定諸入用等引受之事ニ相改申付候、尤(もっとも) 二ヶ月ヅヽ持ニて相勤候事

則 十月 十一月 組頭 市郎助 勤番 波見屋万助
江尻屋利助

十二月 正月 組頭 嘉平 勤番 松田屋七兵衛
大根屋万助

両人之処、波見万、江利、助番申付ル

これを見ると、従来、店方見番の諸勘定は、「店方勤番之者」と支配人与兵衛だけで行っていたこと、しかしそれでは等閑になりがちであったために、十月一日からは勤番二人、組頭一人の計三人が二ヵ月交代で引き受けることにしたということがわかる。しかも二ヵ月勤番を行った者は、次の二ヵ月も「助番」として引きつづき店方見番業務に携わることとされており、実質的には五名勤番の体制である。また、ここで店方勤番を命じられている波見屋万助、江尻屋利助、松田屋七兵衛、大根屋万

助は、いずれも酌取女の置屋を営む者たちであり、店方運営が置屋による二ヵ月交代の勤番というかたちで担われていたことがわかる。[20]

さらに、ここに出てくる支配人与兵衛とは、万延元年（一八六〇）一二月二日に、宮津の町奉行から「廻り店看場線香番申付候」と命じられた河辺屋与兵衛のことと思われる。看場・線香番とは、江戸吉原の見番と同様に、芸子の揚代を線香何本と勘定する見番支配人のことである。河辺屋与兵衛自身も酌取女の置屋であり、『御用留日記』によれば置屋の「組合惣代」も兼ねている。河辺屋与兵衛は、二年後の文久二年七月には、病気を理由に「支配人御免」を願い出て許されており、その後の支配人は、勤番を勤める置屋の一人が兼務しているところから、店方支配人の役儀そのものも固定的なものではなく、廻り持ちであったと考えられる。つまり宮津の店方見番は、江戸吉原の見番と異なり、専従の番頭も手代も置かず、①町の組頭、②置屋仲間の中から選ばれた支配人、③置屋が輪番で勤める「店方勤番」の者たちによって運営されていたことになる。このうち、運営の中心となる②の店方支配人の最終的な任免権が町奉行所にあったこと、また店方運営に常に町の組頭が加わっていることを考え併せると、宮津の見番組織は、置屋仲間の私的・自生的な組織ではなく、町奉行所の支配下にある公的な機関としての性格をもっていたことがわかる。すなわち、吉原遊廓内の見番のように、唯一の業者が芸者から世話料を取り見番機能を独占するのではなく、あくまでも置屋仲間を基礎として、町奉行所の支配下に置かれていた点に、宮津見番組織の特徴があったといえよう。

3 店方見番の役割

（1）花代の勘定

宮津店方見番の最も基本的かつ日常的な仕事は、芸子の揚代の勘定であった。ただし宮津では、揚代と言わずに花代という。前述のように、東新地では、料理屋と置屋とを兼ねている者が少なくなかったので、客はまず料理屋へ行きそこへ芸子を呼ぶか、直接に料理屋を兼ねる置屋へ上がりそこへ芸子を呼ぶか、のいずれかであったと考えられる。いずれの場合も、芸子に座敷の口がかかると、店方見番へ、「〜方へ花買い入れ」と断らなければならず、これを怠ると、後述の如く「花抜売り」として制裁を受けた。「花買い入れ」の届けを受けた店方見番では、線香を立ててこの本数によって花代の額を勘定し、その一部を口銭として徴収した。

ところで、当時、この花代はいくらくらいであったのだろうか。文久元年（一八六一）六月二四日、布袋屋五助という置屋が仲間規定を破った科で罰せられた。置屋仲間が、「仲間中差障り之客」として、一切の付き合いを禁じていた「三味曳花次」という者を座敷に上げ芸子を呼んで酒席を設けたからである。このため布袋屋は、一日差し控えのうえ、「其夜客（ニ）花廿四本売込候ニ付、此銭四拾八匁仲間え酒肴料として差出可申」と、二四本の花代四八匁を酒肴料として仲間に取り上げられている。これによれば、花代一本は銭二匁ということになる。(21) また同日に座敷を勤めた芸子は、布袋屋自身の抱えている芸子が二人、他の置屋抱えの芸子が四人の計六人であり、一人四本（八匁）ということになる。花四本が、どのくらいの時間にあたるのか、はっきりしたことはわからないが、花三〜四本というのが一般的な座敷時間であったと考えてよかろう。また時間ぎめの座料ではなく、丸一日芸子を独占した場合の花代は一日十五本であった。[22] この花代の中から、店方見番が徴収するのは「買入花壱本ニ付口銭五分八厘」[23]とされており、花代一本が銭二匁とすると、口銭はその約三割という計算になる。これは、置屋が自身の取り分を「正味七掛」としていることからも裏づけられる。[24] 徴収された口銭は、置屋仲間や町の共通経費に充てられた。[25]

（2）芸子の監視—玉助一件

店方見番にとって、花代の勘定だけではなく、芸子の違法行為を取締ったり、芸子を監視しその家出・出奔を防いだりすることも、重要な役割であった。

文久二年（一八六二）三月五日夜、枡屋（ますや）市郎助の抱える芸子玉助が行方不明となった。その夜、玉助は平田屋吉兵衛方に客があるというのでその座敷に出ていたが、九ツ時過ぎ（真夜中の十二時過ぎ）に客座が済んだ旨、店方見番へ断ってきた。そこで店男の亀蔵が迎えに行くと、玉助はすでに平田屋の門口に出て待っていた。亀蔵は、玉助の三味線箱を取りに中へ入り、すぐ門口に戻って来たのだが、その時すでに玉助の姿は見えなかったという。玉助が置屋の市郎助のところへも帰っていないことを知った亀蔵は、合宿（あいやど）の男や店方見番の男衆とともに手分けして玉助を捜索した。「心当り之馴染（なじみ）之客壱人府中辺有之候ニ付　飛脚差遣（さしつかわし）」と、馴染客に飛脚を差し向けたり、「海入之程も難斗（はかりがたし）」と、入水自殺を心配して新地裏浜を吟味したりしたところ「中町之浜ニ下駄ぬき揃へ有之」のが見つかった。そこで小船を雇い、さらに捜索したが、その夜はとうとう見つからなかった。

明けて三月六日の九ツ時（正午）頃、獅子村浜に死体が流れついたと、同村村役人から知らせが届いたので、早速舟で行ってみると、紛れもなく玉助本人であった。その日の夜遅く、奉行所役人の死体検分が行われ、翌七日には、関係者一同の口書（供述書）が取られた。そして奉行所から関係者一同が呼び出され「申渡之上印形取之」、役人たちが最終的に引き取ったのは、夜五ツ時（八時）前であった。

この事件では、玉助の捜索、町奉行所の検死・取り調べなどに丸三日かかっており、その間の入用経費は銭一貫三〇〇匁にのぼった。芸子が出奔した場合、見つけ出すまでにかかった経費は、ふつう置屋が負担しなければならなかった。しかし玉助一件の場合、店方見番からも五〇〇匁が出銭され、残りを置屋が負担したようである。店方見番が捜索費用等の一部を肩代わりして出した理由は、「玉助義　店方より送渡し候義も無之　未ダ店へ預り中之義故　店方より出銀」とあるように、芸子を店方見番から置屋に送り渡す途中のできごとであったからである。ここから、店方見番が、店男と呼ばれる男衆を常駐させ、監視を兼ねて、座敷から下がる芸子の送り迎えをしていた事情がうかがわれる。

玉助がなぜ自殺したのか、『御用留日記』には記されていない。しかしそれは、宮津の芸子が置かれていた一般的な境遇とおそらく無関係ではあるまい。芸子たちは、少なくとも年季中は人身を拘束され、家出・出奔しても必ず連れ戻され、出奔期間中の「花代」は年季勤めに上積みされ、結局芸子の負担増になった。たとえば文久元年に出奔した万十屋かのが抱える芸子花松も、四ヵ月後に連れ戻され、その間の花代三貫目の内の三分の一にあたる一貫目を、「年置ニて差出」すように命じられている。また次に見る「直馴染（じきなじみ）」「抜枕（ぬけまくら）」の禁は、芸子が特定の男と「商売抜き」に私的な交際をしたり、情愛を交わし合ったりすることを禁じるものであった。玉助の自殺も、こうした境遇を抜きには考えられないのではなかろうか。その意味で、店方見番は、こうした芸子の取締りを担う機関でもあったと言えよう。

4　置屋仲間の掟と制裁

宮津において、置屋が成文化された包括的な仲間掟をもっていたか否かははっきりしない。しかし少なくとも置屋仲間の間で取り決めた「業体の定法」と言われるものは存在しており、時折起こる置屋や芸子の違反・違法行為は、この「定法」に照らして罰せられている。以下、この「定法」を破った置屋や芸子、それに対する町奉行所や置屋仲間の制裁を、具体的に見ておきたい。

（1）「花抜売り」と「門外へ花売込み」―きく・梅路一件

先に述べたように、置屋は、料理屋で待つ客に芸子を差し向ける際は、必ず店方見番に「花何本売込み」と届け出なければならず、また客が料理屋を兼ねる置屋へ直接に来て、その置屋抱えの芸子を座敷に呼ぶ場合も同様であった。しかし言うまでもなく、店方見番へ届け出るということは、置屋利益の一部を口銭として取り立てられることを意味していた。そのため置屋の中には、店方見番へ断らずに芸子を客座に上げることもあった。こうした行為は「花抜売り」と呼ばれ、違法行為として罰せられた。

万延元年（一八六〇）一二月一九日、酌取女の置屋布袋屋五助は、「抱之酌取女きく　店方へ相届けず花抜売致候」として置屋仲間から訴えられた。置屋仲間はまず、布袋屋が抱えている芸子たちに残らず「下げ札」を申し付け、そのうえで町役所へ訴え出たのである。「下げ札」とは芸子差し止めを示すものである。そのため布袋屋は、一週間後の一二月二六日に町奉行所へ呼び出され、叱りのうえ「過料銭十貫文」を仰せ付けられた。ここでは、花抜売りは、直接に仲間制裁の対象にはなっていない。むしろ仲間が町奉行所へ訴え、それを受けた町奉行所が罰するという公的手つづきで処理されている。また芸子きくが罰せられていない点も特徴的である。つまり、花抜売りは芸子ではなく置屋の違法行為であり、過料はこれに対する公的な制裁であったと言えよう。

このように町奉行所が、いわば公的に罰する違法行為として他に、新地の門外に芸子を遣わす「門外へ花売込み」と言われるケースがあった。文久二年（一八六二）二月二日、因幡屋ふさは、抱えの芸子梅路を、客が来ている本町東堀川の小田屋吉右衛門方に遣わした。因幡屋は、東新地の門外へ遣わしたことを隠して、店方見番へは「花買入れ」とだけ届け出たが、「線香三四本も相立候て（中略）店より尋ニ遣候」とあるように、線香三〜四本を立てた頃、店方見番から様子を尋ねにいった勤番の者たちによって、梅路を門外に遣わした事実が露見してしまったのである。因幡屋は、勤番の者たちによって奉行所に訴えられた。そして二月七日、奉行所の白洲において取り調べを受け、翌八日に「しかり之上押込（おしこめ）」を申し渡されている。「兼々門内之外差免候義ハ不相成旨被　仰出」、すなわち新地門外で商売をしてはならぬとの町奉行所の命令に背いた科による。ただし、因幡屋は五日後の一三日には押込を解かれ、また芸子の梅路も、事件の後「慎罷在候ニ付」との理由で、置屋の制裁を免れた。

このように、置屋の違法行為には、①「花抜売り」のごとく置屋仲間の「定法」に背く行為と、②奉行所の命じた禁令を直接に破る行為とがあった。しかし、いずれの場合にも、仲間組織が直接に個々の置屋に制裁を加えることはなく、町奉行所に届け出て、奉行所から「過料」「押込」などの刑を申し渡されている。その意味で、個々の置屋に対する直接的な制裁権は、奉行所にあったと言える。

しかし逆に、芸子については、町奉行所が直接に罰している例は見られず、芸子に対する制裁権は、次に見るように置屋仲間の側にあった。

(2)「直馴染」と「店方抜枕」—八重松一件

芸子が置屋仲間から制裁を受けるのは、自らの意思で、主人の置屋に隠れて、あるいは黙認の下に、気に入った男性と私的に交際をしたり共寝をしたりした場合に見られる。

文久元年（一八六一）一二月、岩滝屋久七の抱える芸子八重松が、由良屋半蔵という男と「直馴染」をしたとの科で、置屋仲間から「十二月十九日より提札三十日」を命じられた。「提札三十日」とは「提札中之日数ハ抱年限之外ニ増勤」とあることから、年季に含まれぬ、いわば「ただ働き」の日数であったことがわかる。直馴染とは、芸子が一定の男と、商売抜きの私的な付き合いをすることであり、置屋仲間では、これを禁ずる申し合わせを行っていた。特に直馴染は、店方見番に断らずに男と枕を共にする「店方抜枕」に結びつき、他の芸子の取締りにも悪影響を及ぼすということで厳禁されていた。

しかしそれにもかかわらず、直馴染、抜枕をする芸子は少なくなかったと思われる。八重松が、取り調べ中、自分の他にも、かつて由良屋半蔵と直馴染をした芸子がいると申し出たからである。そのため、さき松、鶴代という二人の芸子が、八重松と同時に「提札三日」を申し付けられている。また、抱え主の岩滝屋も、申し合わせの趣を承知しているはずにもかかわらず自分の抱える芸子の直馴染についてては「自宅ニては（中略）猥りに致置」と、放置していたようであり、そのため仲間中より五日間の「差扣、抱之子供差留メ」を言い渡されている。置屋の主人や傍輩の芸子が、直馴染や抜枕に全く気付かぬということは考えにくい。平常は、主人も傍輩も直馴染・抜枕に、ある程度目をつぶっていたことがうかがわれる。八重松は、直馴染について主人が厳しく注意すると、「是迄閑等(等閑カ)ニ致置候趣ニて返て雑言申出し」と、従来これを黙認してきた主人の態度を衝き、主人に悪口雑言を浴びせるなど、目に余るものがあったため「提札三十日」という厳しい扱いとなった。しかし、一二月一九日から三〇日間の「提札」というと年を越すことになる。そのため八重松は、提札期間が二年越しになることを置屋仲間に訴え、一〇日を経た年末二八日に提札を免除された。そして残り二〇日分は、正月一八日までの間の花売上げ高を三等分して、その三分の二を主人である岩滝屋久七方へ、三分の一を仲間中へ酒肴料として差し出すことで許されたのである。

このように見てくると、置屋仲間は、仲間を構成する個々の置屋の違法行為や抜け駆けを監視する機能を果たすとともに、共同して芸子を取締り、置屋の共同利益を守る役割を果たしていたことがわかる。

以上見てきたように、宮津の酌取女は、三味線・踊りという一定の遊芸を身につけ、宴席でこれを披露して興を添えるという意味であきらかに芸者であり、事実「芸者」「芸子」とも呼ばれていた。また、置屋に抱えられ、見番を通して宴席に上がり、時間ぎめの座料を花代として得るという勤め方の形態も、これまであきらかにされてきた吉原の廓芸者同様である。しかし、こうした共通性にもかかわらず、宮津の芸子と従来指摘されてきた江戸の町芸者像には、なお大きな隔たりがあるように思われる。

そこで次節では、江戸の町芸者を取り上げ、宮津の芸子との相違が如何なる点にあり、それが全体の芸者像とどのようにかかわるのかについて考えてみたい。

図8　18世紀後半の芸者

前を歩くのが芸者．長い着物の褄(つま)を左手で引き上げて持つのは，芸者独特の風俗である．後ろの女性が持つ箱の中に三味線が入っているのであろう．北尾重政「芸者箱屋」，東京国立博物館蔵．

四　芸者と売女――売春の位置

1　女踊り子の「相対売女」

寛永六年（一六二九）一〇月、幕府は当時の江戸町奉行島田弾正忠の名で、「女歌舞伎惣踊」を全面的に禁じ、あわせて女踊り、女舞いの中に「男児打交り候事」をも禁じる触を布達した。(26) このことは、幕府が男女混合の芸能を禁じるとともに、芸能の世界から女性を排除する方向を明確に打ち出したことを意味している。しかし、こうした禁令にもかかわらず、男女打ち交りの芝居や踊りは、その後も容易にあとを断たなかったようである。同趣旨の禁令はその後もくりかえしだされ、その中で「女人一切出間敷」旨が厳命されているからである。しかしこうした中で、正保三年（一六四六）、女を交えて興行した芝居の座主が入牢を申し付けられるという事件が起こり、この頃を境に男女打ち交りの舞台を禁ずる法令は、ほとんど見られなくなる。おそらく、一七世紀半ばを画期に、女性が歌舞伎舞台に立つことは次第になくなっていったと見てよいだろう。

歌舞伎舞台に立つことができなくなった女踊り子たちは、禁令をかいくぐって武家方・町方へ出向きその芸を披露して座料を稼いだり、(27) 踊り・音曲の師匠として指南料を取ったりして生活の資とするようになった。[28] 江戸の町芸者は、系譜的には、こうした女踊り子に由来するものであり、「芸者」という呼称も、一八世紀半ば以降、踊りをせず三味線・小唄をもっぱらとする者たち——したがって、もはや「踊り子」の名にふさわしくない者たち——の出現を機に一般化したと考えられる。

このような女踊り子が私娼化していく傾向は、元禄期頃より表面化していたが、その扱いをめぐって幕府内で論議されるようになるのは、「隠売女」の取締りが本格化する享保改革期以降のことである。

寛保三年（一七四三）閏四月、両国橋・葺屋町辺りの料理茶屋へ踊り子を遣わし「売女致させ」ていた踊り子の抱え主が、江戸町奉行所によって逮捕された。[29] 町奉行所では、吟味の結果、踊り子に売春をさせていた神田小泉町の踊り子抱え主を、「公事方御定書」[30] にある「隠売女（の抱え主）同前」として、身上に応じて過料を取り、百日手鎖（てぐさり）で所預け（ところあずけ）とした。しかし他方で、踊り子を呼んだ料理茶屋の処罰については、三年以前の元文五年（一七四〇）に先例が一つあるだけで「御定書」にも明確な規定がなかった。そこで、当時の町奉行、石河土佐守、嶋長門守は茶屋の処罰について新たに老中に伺い出ることにした。表6は、その時の伺いをもとに、元文五年時の茶屋処罰と、今回新たに伺い出た処罰とを比較したものである。

この表を見るとわかるように、今回（寛保三年）の処罰は、①踊り子を呼び「売女致させ」ていた茶屋、②茶屋（借屋人）の家主、③同家主の五人組、④茶屋のある町の名主、⑤同地主、のいずれも

表6　踊り子を呼び「売女致させ」た茶屋の処罰

	元文5年(1740)	寛保3年(1743)
箱崎町二丁目久兵衛店 茶屋　清兵衛	家蔵・家財不残取り上げ 百日手鎖隔日封印改	所払い
家主　久兵衛	〃	過料
久兵衛の五人組	家財半分宛取り上げ	構いなし
箱崎町名主	過料銭10貫文	〃
茶屋清兵衛地主みつ	屋敷・建家共に取り上げ	重過料（不在地主の場合叱り）

『享保撰要類集』1(野上出版　1985年)より.

が三年以前の元文五年時の処罰に比べ軽くなっている。三年前の茶屋処罰は、隠売女の抱え主に対する処罰と全く同様であり、本来酒食を供するはずの茶屋が隠売女の抱え主——いわば売春業者と全く同類であると見なされていたことがわかる。しかし今回、二名の町奉行が、その時より軽い処罰で済まそうとした理由は次のようなものであった。[31]

畢竟其所ニ而売女為致候とは違ひ茶屋等江踊子給仕ニ呼寄、又は芸慰之ためニ候共、客と相対ニ而売女仕儀ニ候得は訳茂違ひ候様ニ奉存候

つまり、隠売女稼業の者が自らの居所などに売女を抱え置き、客を呼び入れて売春させるのと、茶屋が「給仕」「芸慰」のために呼んだ踊り子が、客と「相対」で、つまり当事者相互の合意に基づいて売春をするのとでは違うということである。後者の場合、茶屋は仲介も斡旋もしておらず、これを隠売女稼業の者と同様に処罰することはできないというわけである。結局、老中松平伊豆守は、この伺い書通りの処罰を認め、それを後の判例とすべく「御定書」に載

せるよう命じた。もちろん、茶屋が呼んだ踊り子が、茶屋自身のあずかり知らないところで客と「相対」で売春を行ったとしても、茶屋自身が全く罪を免れ得るわけではなかった。しかし、踊り子の売春行為を、客との「相対売女」として、隠売女一般と区別する論理が登場したことは注目されるべきであろう。実際、この後、踊り子・芸者の性行為は、次に見るように売春行為ではなく「相対不義」と見なされるようにさえなり、急速に緩刑化される途をたどった。こうした踊り子のあり方を支えていたのは、踊り子があくまでも「芸慰」「給仕」を本業としているという建前があったからである。踊り子にとって売春は、決して強いられたものではなく、当人の意思に基づいたものであると見なされたのである。

2 「相対売女」から「相対不義」へ

寛政一〇年（一七九八）二月、江戸で五二人の娘たちが「隠売女に紛敷儀不埒」として捕らえられた。[32] この娘たちは、唄、浄瑠璃、三味線を習い覚え、親や親族を扶養するために、「座料」をもらっては所々の料理茶屋や遊山舟等へ雇われて行く女芸者たちであった。彼女たちの大半は、馴染客から「身分引請末々妻にも致すべし」と口説かれて、客と「相対不義」に及んだとされており、この点が「売女ヶ間敷儀」として詮議の対象になったのである。町奉行所ではこれら五二人の女芸者のうち、「相対不義」の四六人に対しては、本来厳しく申し付けるべきところ今回は「宥免を以一同叱置」と、最も軽い刑罰ともいうべき叱りを申し付けるにとどめた。しかし、残る六人の女芸者に対しては「隠売女に紛敷儀も之れ有り」として「押込（おしこめ）」を申し付け、併せて六人の女芸者の親・兄弟や家主をも「叱り」とした。ここで注目されるのは、芸者本人の他に、親・兄弟やその家主らが処罰されており、しかも、芸者本人の方が、親・兄弟より刑罰が重い点である。このことは、売春が親・兄弟の勧めではなく、芸者本人の意思に基づいて行われたものとみなされていることを意味している。

五二人の女芸者が、いずれも客と共寝をしたことは事実である。しかし興味深いのは、一方が「相対不義」、他方が「隠売女に紛敷」とされた理由は何か、町奉行所が「売女」と「不義」との違いをどのように判断したのかである。この点を考えるうえで手懸かりとなるのは、「隠売女に紛敷」芸者に関連して、芸者を呼んだ料理茶屋二軒が「過料のうえ所払（ところばらい）」を命じられていることである。彼らが罰せられた理由は「金銭等貰請（もらいうけ）　女共申勧（勧カ）　売女為致候儀」、つまり客から金を貰い、芸者に売春を勧めたという点である。ここには、金を受け取って客と芸者との間の売春行為を仲介・斡旋する料理茶屋の姿がかいま見られる。おそらく、こうした金銭の授受を伴う第三者の仲介・斡旋こそが、客と芸者の共寝を「隠売女に紛敷」と判断した一つの基準であったのではないだろうか。

逆に言えば、「相対不義」とは、第三者の仲介も斡旋もなく、馴染客と芸者が双方合意のうえで共寝をすることであったと言える。それは婚姻外の性であるという意味で紛れなく「不義」であった。しかし、それが「末々妻にも致すべし」という男との約束——それが単なる口約束であったとしても

表7　寛政期の女芸者

	名前	居町	身分	年齢
1	とよ	吉川町	吉兵衛店　新兵衛妹	二九
2	うた	下柳原同朋町	喜八店　平七娘	二五
3	ちよ	北鞘町	弥次兵衛店　十次郎従弟女	一八
4	豊若	〃	〃	二六
5	つる	北鞘町	弥次兵衛店　権右衛門姪	一五
6	はま	本両替町	卯兵衛店　半兵衛娘	一九
7	みよ	金吹町	彦兵衛店　新右衛門姪	一七
8	りう	本石町一丁目	助八店　孫兵衛方に居候	一五
9	そめ	〃	惣助店　権右衛門娘	一九
10	こと	岩附町	喜八店　五助店娘うた事	二〇
11	みの	本町一丁目	藤四郎店　いち事＊	一七
12	文字ひろ	通三丁目	平次郎店　源兵衛娘	二三
13	とき	通四丁目	善右衛門店　清九郎娘	二一
14	豊ませ	坂本町一丁目	久兵衛店　松五郎娘	二二
15	文字いま	霊岸嶋浜町	久蔵店　五郎兵衛娘	二三
16	たか	南新堀一丁目	吉右衛門店　善蔵姉	二三
17	いと	南槇町	平蔵店　長助娘	二四
18	もよ	常磐町	幸右衛門店　藤次郎娘	二〇
19	さと	上槇町	清右衛門店　文六娘	二一
20	よし	霊岸橋際埋立地	利兵衛店　新八姉	二三

番号	名前	町	店・続柄	年齢
21	たよ	松川町二丁目	徳兵衛店　八右衛門娘	一八
22	いね	木挽町六丁目	次郎兵衛店　甚之助妹	二〇
23	みよ	木挽町五丁目	伝兵衛店　半七姪	一九
24	みを	木挽町六丁目	清五郎店　平吉妹	一九
25	まさ	芝西応寺町代地	藤兵衛店　宇右衛門娘	二四
26	文須	南鍋町二丁目	重五郎店　嘉兵衛妹	一八
27	若豊	〃	次郎兵衛店　豊吉姉	二〇
28	宇文字	新肴町	長次郎店　五兵衛娘	二〇
29	かよ	山下町	彦兵衛店　小助娘	二二
30	たみ	吉川町	平右衛門店　藤助娘	二二
31	つる	〃	平右衛門店　鉄次郎姉	二三
32	うた	〃	宇兵衛店　半七娘	二二
33	せん	柳原同朋町	弥平店　長八娘	二一
34	いと	〃	弥平店　助七娘	二〇
35	しほ	〃	善兵衛店　藤兵衛娘	二〇
36	なみ	〃	善兵衛店　磯次郎娘	二一
37	かつ	〃	山三郎店　寅吉娘	一九
38	とよ	〃	武右衛門店　助八娘	二二
39	いよ	〃	武右衛門店　孫兵衛姪	一九
40	ちを	〃	武右衛門店　源八娘	二一
41	とき	〃	〃	一七
42	きの	〃	吉五郎店　藤五郎妹	一九
43	なを	〃	喜八店　小三郎妹	二二

44	でん	〃	嘉兵衛店　武兵衛娘	一七
45	みわ	〃	喜兵衛店　伝兵衛妹	一八
46	はな	南伝馬町一丁目	久兵衛店　大吉娘	二二
47	きち	北鞘町	弥次兵衛店　十次郎従弟女	一五
48	とみ	南伝馬町一丁目	利助店　佐兵衛娘	一八
49	なみ	本材木町四丁目	惣八店　金次郎従弟女	一八
50	豊つね	本石町一丁目	助八店　源兵衛娘	一九
51	はつ	元数寄屋町四丁目	新右衛門店　清八娘	一九
52	きち	芝西応寺町代地	庄吉店　喜右衛門娘	一五

「増訂半日閑話」巻二五（『蜀山人全集』三巻　日本図書センター　一九七九年）より。＊の「みの事いち」は単身者であったと考えられる。

——を前提としたものであったということは、芸者が性の相手を主体的に選択していたことにほかならない。この点において芸者は、遊女・売女と決定的に異なる位置にあったと言わなければならない。

このような「相対不義」を行う芸者の、一定の自立性を支えていた条件について、さらに立ち入って見てみよう。表7は、先に吟味を受けた五二人の女芸者の居所・身分を表示したものである。これによれば、芸者の居住地はすべて現在の東京都中央区に集中しており、とりわけその大半は、現銀座、日本橋、京橋である。つまり、ここに示された芸者は、江戸の場末ではなく、むしろ中心部に居住する借家人たちの、娘、姉妹、姪、いとこにあたる女性たちであったということになる。もちろん、これらの多くは、「置屋―芸者」関係が、親子、兄妹など親族関係に擬制化されたものであろう。表に見える吉川町は、裏通りに芸者置屋が軒を並べていたと言われる町であり、下柳原同朋町は、舟宿の多かったことで知られている町である。また、同一人物が、三人もの「いとこ」を芸者にしていたり（3、4、47）、家主を同じくする借屋から、何人もの芸者が出ているなど、実際の親子・親族関係と見るには不自然な点も多い。

しかしなお、この中に、実際の借家人の娘や姉妹もいたであろうことは否定できない。この事件落着後一ヵ月も経たない、寛政一〇年三月に出された町触が、女芸者について次のように述べているからである。(33)

> 一躰軽き者の中には実に親族を扶助のため　唄浄瑠璃三味線等を教　女芸者と唱　料理茶屋或は遊山船抔(など)え被雇(やとわれ)座料を貰受候は無據事候得共　売女に紛敷儀は勿論仮令(たとい)馴染之客たり共不義ヶ間敷儀致候而(て)は一統之風俗に觸(さわ)り不宜(よろしからず)候、若(もし)右體之儀有之候はゝ厳重可被仰付(おおせつかるべく)趣　店に若(もし)娘等有之軽者其外家主より能々可申聞置(よくよくもうしきかせおくべく)（後略）

これによれば、「軽き者」と呼ばれる都市中下層民の娘たちが唄、浄瑠璃、三味線などの音曲を身につけ、それを人に教えたり、茶屋・遊山舟でこれを披露して「座料」を稼いでいたりしたことがわかる。芸者が、都市中下層民から出ていたことは、彼女らが身につけた芸が踊りではなく、主に唄、浄瑠璃、三味線の三つであったことからもうかがえる。宝暦五年（一七五五）刊行の『栄花遊二代男(えいがあそびにだいおとこ)』

は、芸者の前身、踊子には二種類あるとして、「親元まつしく（貧しく）して踊を仕込事もならねば三味線の芸ばかりにて渡世をたつるもあり」と、三味線の芸ばかりを売るのは、親が貧しくて踊を仕込むことができなかったからであることを指摘している。[34]また逆に、踊を身につけた芸者が、それよりは少し裕福な娘たちであったこともうかがえよう。しかしいずれにしても、ここに示されている芸者は、芸を身につけ、それを教えたり売ったりして生きる中下層都市民の女性たちであったことがわかる。もちろん、客と共寝をして金品を貰うこと、馴染客と合意のうえで共寝することもあったであろう。しかし、それは遊女・売女の売春行為とは全く異質の一面――つまり芸で身を立て自分で稼いで生きる自立自存の女自身の意思に基づく性行為としての一面を持っていたと言わねばならない。

五　芸者考

江戸の芸者、宮津の芸子はともに、宴席で三味線・唄・踊りなどの遊芸を披露し、花代・揚代等と呼ばれる時間ぎめの座料を稼ぐことを本業としていた。芸者の本業が「芸を売る」ことであったということは、それが時に建前であったとしても、芸者を遊女・売女と分かつ決定的な要素であった。換言すれば、芸者は売って金になる一定の遊芸を身につけていたがゆえに、不断にからだを売ることを強いられる状況を免れえたのだとも言える。

江戸の町芸者については、十分な検討ができなかったが、少なくとも本章で問題にした一八世紀末頃には、「軽き者」と呼ばれる中下層都市民の中から、音曲の師匠を兼ねた自立性の高い芸者が生まれ、一定の層として存在していたことは確かである。江戸における置屋・抱え主の、芸者に対する人身的支配は総じて弱く、「置屋―芸者」関係も、主従関係というより、親子・親族関係に擬制されたものであった。また宮津のように、置屋仲間の比較的強い拘束の下に置かれていた芸子の中にさえ、「直馴染」「抜枕」と呼ばれる、自らの意思に基づく性愛を生きようとした女性たちがいたことは、芸者が性愛の主体として一定の自立性を有していたことを示すものである。

公権力の側も、吉原における遊女と芸者、宮津における酌取女と茶汲女の如く芸者と売女とを区別することを政策的基調とし、これを引き継いだ明治政府も、両者をより明確に娼妓・芸妓として掌握していくことになった。その意味で、芸者は、遊女屋にとっても公権力にとっても「売春をしてはならない」存在であり、事実、たとえ芸者が客と共寝をしても、それは「相対（あいたい）」＝当事者の意思に基づくものであると見なされた。遊芸を披露する芸者の存在は、遊女の娼婦化が進行した近世後期の廓に、後に福沢諭吉が指弾したような「売淫（ばいいん）の巣窟（そうくつ）」ではない外観を与え、「文化的遊興・社交の場」としての粉飾を施しつづけた。公権力が、芸者と遊女・売女を区別しつつ並存させた意味も、以上の点にあったと考えられる。

その意味で、近世の芸者は売春女性ではなかったが、売春構造を構成する不可欠の要素であった。

第五章　近世の梅毒観

一　娼婦と梅毒

明治十年代後半から盛んになった廃娼か存娼かをめぐる議論は、当時の知識人たちを広く巻き込んで展開した。そこで問題とされたのは、売買春そのものの是非ではなく、国家にとって公娼制度が必要か否かという点であった。

代表的な廃娼論者の一人植木枝盛（うえきえもり）は、公娼制に賛同する存娼論者の見解を次のように紹介している。(1)

（存娼論者の）第二説と云ふものは、公許を致すなれば、よく取締が着くのである、取締が附けば其売淫者に対して梅毒（ばいどく）を検査致すのである、公許を致さずして密売が盛んに行われるなれば、此の悪毒を検査する所ろの道が無い、之れ社会に在る所ろの人が、益々悪毒に感染することになる、之が衛生を重んずる上に於て決して怱（ゆる）かせにいたすことの出来ないと云ふ説であるつまり、存娼論者によれば、公娼制は梅毒防止のための検梅制を実施するのに都合がよいというのである。しかし植木は、こうした存娼論者の主張に対して、①公娼制の周辺では必ず「密売」が行われる、したがって公娼のみを検査しても梅毒を防止することはできない、②買春する側が梅毒に感染することもあるのに、彼らが診察を乞うことはほとんどないのだから、売淫者の方だけを検査しても梅毒を防止することはできない、と二つの理由を挙げて、公娼制が梅毒防止に何ら実効性がないことをはっきりと指摘した。にもかかわらず、「梅毒防止」はその後も長く、公娼制を存続させる重要な根拠とされつづけ、戦時下の慰安所設置の理由ともされてきた。[2] このように娼婦こそが梅毒の元凶であるとみなし検梅制に駈り立てる梅毒観は、近世から近代への歴史過程の中でいつ、どのように成立するのであろうか。

日本における娼婦への梅毒検査は開国を機に始まった。梅毒検査は慶応三年（一八六七）までの間に、少なくとも長崎、横浜、神戸でロシア海軍やイギリス海軍の要請を受けて、主として外国人医師の手で行われている。[3] もちろん、こうした検梅活動はロシアやイギリス軍隊の保健のためであり、決して日本人遊女の保健・治療のためではなかったが、娼婦への検梅制度が、いわば「外圧」によって始まったことは確かである。

こうした開港後の状況については、これまで医学史の分野でもあきらかにされてきた。しかし、開港以前の近世日本社会において梅毒がどのように認識され、どのように治療されていたのかについては、残念ながら十分あきらかにされていない。医学史の研究は、むしろ梅毒の発生・伝播の経路を解明することに、より強い関心を持って進められてきたように思われるからである。[4] 本章ではこうした研究史状況を踏まえ、近世における梅毒とその治療の実態、および人々の梅毒認識を可能な限りあきらかにしたい。

ここでは、主として梅毒治療と現実に向き合っていた医師が書き記した医書を用いて梅毒治療の実態と医師の梅毒認識をあきらかにするとともに、文芸作品などを通して、一般の人々の梅毒認識についても、可能な限り言及したい。

ここで主として使用する医書は、以下の五点である。

①『黴瘡口訣』天明八年（一七八八）序。永富鳳（独嘯庵）著。
②『黴瘡約言』享和二年（一八〇二）刊。和気惟享著。
③『黴瘡茶談』天保一四年（一八四三）序。船越敬祐（錦海）著。
④『黴瘡摘要』王世欻私牙孤蒲斯布斂幾（ヨセビュスヤーコブスフレンキ）著。高野長英訳。（『高野長英全集』第二巻　一九三一年　高野長英全集刊行会）
⑤『黴瘡惑問』高野長英著。（前掲『高野長英全集』第二巻）

このうち、①の著者、永富独嘯庵は一七歳のとき、「漢蘭折衷派の祖」といわれる山脇東洋について医学を学んだ医師である。②の著者、和気惟享については詳しいことがわからないが、序文を丹波頼望（よりもち）が認（したた）めており、和気、丹波ともに平安末以来の医家の名家であることから、伝統的な漢方医の系統に位置する医師であったと推察される。④⑤は蘭学者の著作である。また③の著者、船越敬祐は黴毒治療専門の医師として著名であり、自身が医者であると同時に梅毒の両親から生まれ、若年のころから梅毒に苦しんできた人物であるという特異な経歴の持ち主である。梅毒との壮絶な闘病の様が克明に記されており、当時の梅毒治療の実態について、かなり詳細に知ることができる。船越自身は、その著の中で、日本の名医として「東洞（とうどう）先生」「南涯（なんがい）先生」（吉益（よします）東洞・南涯）の名をあげ私淑していることから、「古医方」の流れをくむ医師であったと思われる。(5)

図9　吉益東洞

近世日本における古医方の代表的医師．黴毒の治療にあたる医師たちにも強い影響を与えた．

以上①〜⑤の医書は、近世中期以降の、漢方・蘭方を含む黴毒医書を、不十分ながら網羅している。

二　近世における梅毒の実状

1　梅毒の症状

梅毒は「鼻落チ咽（のど）破レ手足毒腫（どくしゅ）ヲ発シ」「咳血ヲナシ」「肌肉脱シ」「此病骨ニ入リ骨疽（こっそ）ナドノヤウニナリ、或ハ中ノ骨摧（くだ）ケテ出テ、或ハ胸腹腿ナドニテ腫物出来、其廻リ岩窟ノヤウニナリ、紅色ヨリ紫黒色ニ変ジユクナリ」（『黴瘡口訣』、以下『口訣』と略記。一〜五頁）といわれるように、症状が進むにつれ、身体そのものを変形・破壊していく点に特徴がある。現代医学によれば、梅毒はいったん治癒したかにみえてもなかなか完治せず、潜伏期間をおいて再発するということをくりかえし、再発のたびに悪化するという経緯をたどる。そのため、当時梅毒治療に欠かせなかった水銀投与による副作用と、梅毒本来の症状とがあいまって激烈な様相を呈したのである。『東海道名所記』(6)には、こうした事態が次のように記されている。

唐瘡をかきいだして。これをふせがんとて。軽粉、大風子なんど。あらけなき薬をのミて。瘡毒うちに責てハ。筋ちぎれ、骨砕けて。いごう引つり。かなつんぼうになりつゝ。ながきうれへを

まねくもあり

すなわち、梅毒にかかると、その治療のために軽粉（水銀粉）や大風子（ハンセン病の治療薬）などの乱暴な薬を飲む。すると今度は瘡毒が内向し筋骨が破壊され、やがて口が曲がるなど顔の形も変わり、耳も聞こえなくなり、長い憂いを招く場合がある、というのである。

こうした症状に加え、梅毒は「瘡毒ハ急ニ癒難キ病ナレバ」（『口訣』六頁）、「黴毒ハ隠顕不測の病なり、一旦治するとも根治ハせざる者なり」（『黴瘡茶談』一三頁。以下『茶談』と略記）と、完治しがたい。このような激しい症状と、それが完治しがたい一生の病であるという点に梅毒の症状の特徴があった。

2　蔓延の状況

近世後期の梅毒蔓延の状況について、医師らは次のように記している。

「近年（天明八年頃）此病諸国ニ流伝スルコト大方ナラズ、在在津々浦々、至ラヌ所ナク、跡先ナシノ年少ノ徒ハ、治療ノ道ヲ、疎略ニ打遣リ、終身ノ患トナル者夥シ」「予諸国ヲ経歴セシ内、肥前長崎、或ハ京大坂、江戸ナドノ如キ都会繁華ノ地ハ十人ニ八九人ハ、此病ヲ病」（『口訣』一頁）、「近時（天保一四年頃）黴毒盛んに流行し、多年其苦悩に罹て産を傾け家を敗り身を亡ふもの多し」「近世黴毒にて死する者幾千万ぞや」（『茶談』一四頁）。

これらをみると、当時梅毒に罹っていた人々の実数はわからないものの、梅毒が多くの人々を蝕み、国民病的様相を呈していたことがうかがわれる。しかも、梅毒罹患者には一定の階層性があった。幕末期に長崎で検梅制の実施に直接かかわった医師、松本順は梅毒が中人以下の男女に多いと回想しており、[7]梅毒が中下層庶民の間に、より広範に広がっていたことがわかる。『東海道名所記』も京都島原の遊郭について記した後で、梅毒に罹り長い憂いを招くのは「薄き人々（資産に乏しい貧しい人々）」の「傾城ぐるひ」によるものであると断じている。そのため、「此病、貴人高家に稀にして天下の名医たる者、黴毒治療に力を用ひず」（『茶談』一四頁）と、金にならない病気なので名医が治療に力を入れないとの指摘もある。実際、そのような状況があったのであろうか。

そこで次に治療の実態についても触れておこう。

三　梅毒治療の実態——水銀と山帰来

近世後期の医療、特に投薬は全体として、中国伝来の薬方のほかに「民間の奇方、紅毛人の薬方迄もとり用ゆる」（『茶談』一七頁）といわれたように、いわゆる、漢方・蘭方に民間療法をも取り混ぜて行われていた。梅毒の治療についても同様である。民間療法の実態についてはあきらかにできないが、漢方・蘭方それぞれの医師がどのような治療を行っていたかについては、ある程度あきらかにできる。『口訣』の巻末には「秘方」としてさまざまな薬の調合や投薬の方法が掲載されている。それによ

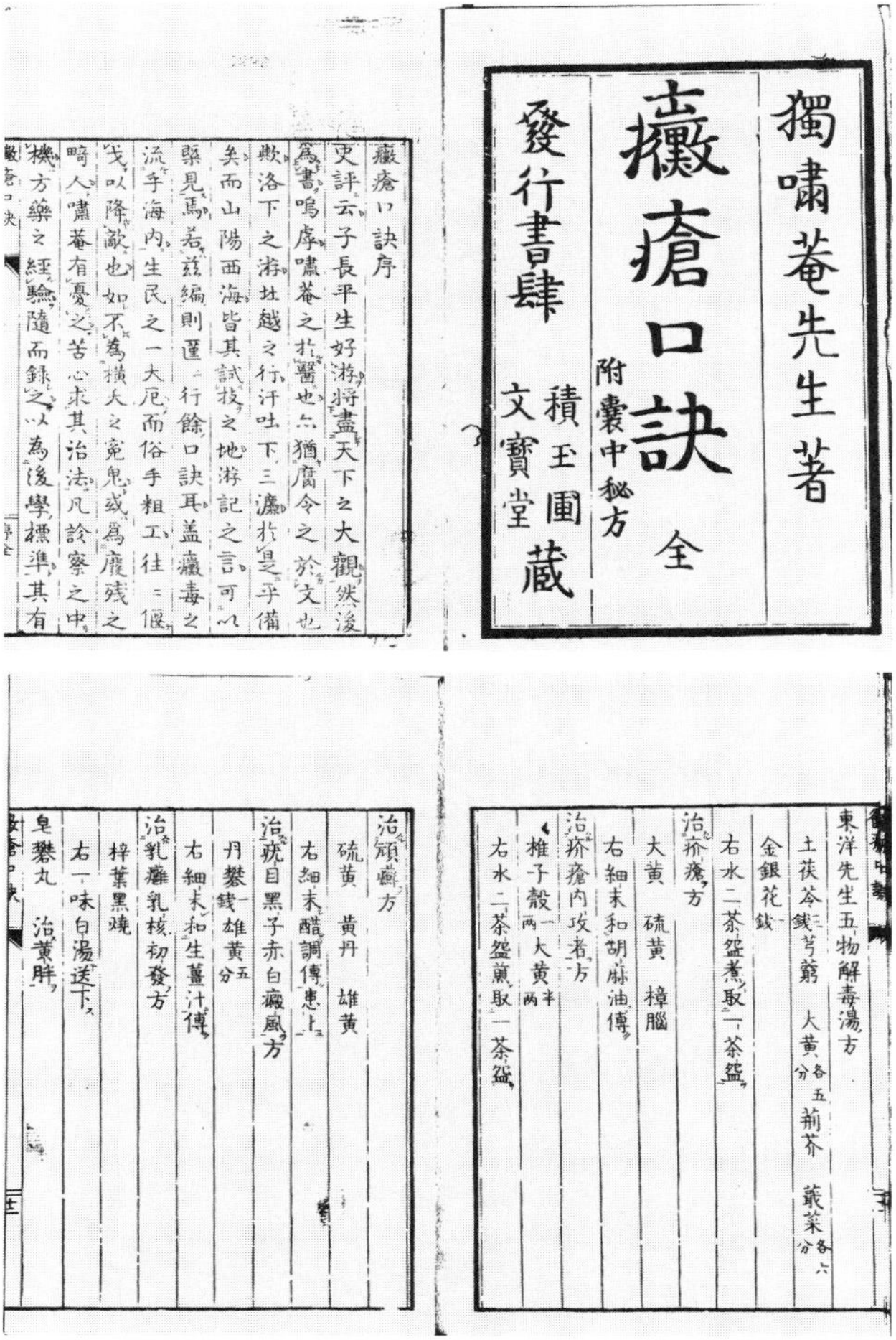

獨嘯菴先生著
黴瘡口訣 全
附囊中秘方
發行書肆 積玉圃 文寶堂 藏

黴瘡口訣序
史評云子長平生好游將盡天下之大觀然後爲書嗚虖嘯菴之於醫也亦猶子長之於文也歟洛下之游北越之行汗吐下三灋於是乎備矣而山陽西海皆其試技之地游記之言可以槩見焉若茲編則匪行餘口訣耳蓋黴毒之流乎海内生民之一大厄而俗手粗工往々僅弋以降歆也如不爲横夭之寃鬼或爲廢残之畸人嘯菴有憂之苦心求其治法凡診察之中機方藥之經驗隨而録之以爲後學標準其有

東洋先生五物解毒湯方
土茯苓三錢 芎藭 大黄各五分 荊芥 蕺菜各六分
金銀花一錢
右水二茶盞煮取一茶盞
治疥瘡方
大黄 硫黄 樟脳
右細末和胡麻油傅
治疥瘡内攻者方
椎子殻一兩 大黄半兩
右水二茶盞煎取一茶盞

治頑癬方
硫黄 黄丹 雄黄
右細末醋調傅患上
治疣目黒子赤白癜風方
丹礬一錢 雄黄五分
右細末和生薑汁傅
治乳癰乳核初發方
梓葉黒焼
右一味白湯送下
皁礬丸 治黄胖

図 10 『黴瘡口訣』

序（上），秘方（下）のそれぞれ部分．梅毒の治療について記されており，ここにも「大黄」や「硫黄」などのさまざまな薬品名が見える．京都大学附属図書館蔵．

れば、用いる薬の種類は①大黄、甘草、樟脳、山帰来などの植物、②硫黄、軽粉（水銀粉）などの鉱物の他に、③梅肉の黒焼、赤小豆、茶の粉末、蕎麦などまで挙げられている。投薬の方法は、①煎じる、②塗布する、③糊丸剤として内服する、という三つの方法が取られていたことが知られる。たとえば、③の梅肉の黒焼は軽粉と混ぜて糊丸剤とし、赤小豆は大黄と混ぜて煎じ、茶の粉末は蜜と混ぜて口中の患部の塗り薬とするなどである。これらの薬・薬方がどれほど効果があったものなのかあきらかではないが、少なくとも山帰来と水銀および水銀を服用しやすくした水銀製剤が梅毒治療に効果のあったことは、かなり早い時期から知られていたようで、梅毒に冒された源介入道の病状を詳しく記した曲直瀬道三著の『師弟問答録』にも、治療に山帰来（土茯苓）と軽粉を使ったことが記されている。[8] また、後述する高野長英などの蘭方医も水銀製剤を用いており、『茶談』の著者船越も治療薬の中で「其必ずとすべき者ハ水銀ならん」（一〇頁）として、必ず必要なのは水銀であると認めている。このように水銀は、漢方・蘭方を問わず梅毒治療薬としての効果が広く認識されていたことがわかる。

一方、山帰来は漢方医の間では効果があると認識されていたようであるが、蘭方医の間では、用いられていた形跡はない。当時の水銀製剤は「瞑眩」と呼ばれる激しい作用を伴った。瞑眩とは水銀投与の後、口中や歯茎が痛んだり腫れたりして、ひどい時は「口中爛傷れて食すること能わざる者あり」「或ハ発熱して斑を発する者あり、或ハ腹痛下痢する者あり」（『茶談』一八頁）という状況を指す。終生自らの梅毒と闘いつづけた医師船越敬祐は自らの闘病を振り返り、多量の軽粉剤を服用した結果、

「口中大ひにらんしょうし、涎沫（よだれ）を吐く事毎日二升ばかり」と記している。このような激しい「瞑眩」のため、使用を恐れる患者も多く、また、虚弱な人にも投与できなかった。そういう人たちのために漢方医の間で山帰来が勧められていたようである。しかし、副作用の少ない山帰来は逆に緩慢に作用するために、長期間これを飲みつづけなければならず、人々は高額の薬料に苦しめられた。こうした実情に対し、船越は「貧者価にくるしむ者」は、まず水銀製剤を用い、それで治れば「金銭のつひへなし」と、即効力のある水銀製剤の方を勧めている。また、「福者」であっても山帰来を一〇日ばかり用いて効果のない者は服用をやめて、やはり水銀製剤に切り替えるように勧めている。

以上のように漢方医は水銀治療の必要を認めつつも、その使用には慎重であった。それのみならず、「軽粉・水銀ノ毒ニヨリテ終身廃疾（はいしつ）トナル者モ亦（また）多シ」（『口訣』二頁）、軽粉を多量に服用すると「多ハ廃人トナル者ナリ」（『口訳』四頁）と、梅毒よりも水銀の毒によって廃人となる危険をくりかえし警告している。そのため、軽粉を用いた際には必ず解毒する必要を説いて、大黄などの下剤を投与していたようである。また「能々（よくよく）解毒セザレバ後年ニ至り再発スルコト多シ、其時ニ又、前ノ利有シ薬ヲ用テモ、効ナク」（『口訣』六頁）と、再発の原因も水銀による「薬毒」が残っていたためであるとし、再発後は水銀製剤以外の薬を用いたため、病状が改善されず逆にますます悪化するということもあった。

船越は、このような医者たちを批判して、次のように述べている。

「（再発を）薬毒と名づけて初め効ありし医薬をそしり無益の薬をあたへ、効なき時ハいよいよ有効の医薬をそしり、薬毒ゆへに全治しがたしと云ひ、己が拙を蔵すの計をなす」(『茶談』一三頁)。

このようにみてくると、少なくとも一部の漢方医の間では、「薬毒」という言葉に示されるように、水銀の毒性こそが梅毒を悪化・再発させたり、患者を廃人同様に至らしめると考えられていたことがわかる。その点から、総じて漢方医の間では水銀治療に対する確信は薄く、これを一貫して用いていたとは言い難い。それに代えて、①山帰来など他の薬の投与、②さまざまな生活上の禁忌——たとえば、房事(性交)を行わないこと、寒冷の地に長く座らないこと、長い外出や重い荷物を持つなど体を使うことを慎むこと、初期の段階には「毒忌み」(肉食忌避)することなど——を併せて行っていたようである。

他方、蘭方医の間では、より副作用の少ない水銀製剤の発明に情熱を傾ける医師も見られ[9]、漢方医に比べ、水銀治療への確信は相対的に強いものがあったと考えられる。

以上、近世における梅毒治療の実態は、水銀製剤の投与と山帰来の服用が中心であったこと、にもかかわらず完治しがたい状況であったことがわかる。しかし同時に、医師も患者も、梅毒が完治しがたい病気であると知りつつ、決して治らない絶望的な病気であるとも思っていなかったと考えられる。近世の梅毒治療に関する医書は、ここに挙げたもののほかにも大変多く、医師たちの治療への意欲が高かったことをうかがわせる。また、次にみるように、庶民の梅毒観にも、それほど悲壮さ・深刻さがみられないからである。

四　庶民の梅毒認識

近世の庶民は、梅毒をどのようにみていたのであろうか。庶民といっても、一般の人々が梅毒について直接に書き残した史料があるわけではない。したがって、ここでは浮世草子や名所記、川柳・雑俳などを通して、世間に比較的広汎に流布していたと考えられる梅毒観を探ってみたい。まず、梅毒と遊女、梅毒と性交渉との関係を、どのようにみていたかである。万治二年（一六五九）刊の『東海道名所記』池鯉鮒の条に、

> 毎年四月のうちは馬市あり、四方より馬を出してうり買ひするなり、諸方より傾城おほくあつまり、市立の人に契る、さるまゝに馬をうりてその代をほつきあけ、手と身とになりてもどるもあり、瘡をうつりて一期やまひになるもあり

とある。当時、梅毒が「瘡」と言われており、「傾城と契る」＝遊女と交わることによってうつると思われていたことがわかる。元禄一四年（一七〇一）刊の『傾城色三味線』にも「爰に天満に銀で自由自在に天神を廻す男ありけり、生付不束なる上に、近い頃揚梅瘡の出た跡一面に潰へて、一皮剝たようになって雲紙を見るにひとしく」[10]と、天神（遊女）と遊んだ男が揚梅瘡（梅毒）による腫瘍が潰れて皮が剝けたようなひどい状態であることが記されている。さらに、

①遊女夜女（よたか）にあたら銭金なくさみ生れつかぬ鼻かけと成（なり）（『風流比翼鳥』(11)）、
②通ひ馴（なれ）て　夜るの契は　茶々むちゃに　よこ町くるひ　うつる唐瘡（『両吟一日千句』(12)）、
③惣じて関東夜鷹の根元、瘡毒の本寺は、是や此里（鮫ヶ橋）になん侍り（『俗枕草紙』(13)）

などをみても、近世の一七世紀後半以降、梅毒が遊女や夜鷹との性交渉によってうつる病であるという認識は、人々の間にかなり広く行き渡っていたとみることができる。

このように遊女・夜鷹と交わって梅毒に罹った人々は、最初は「下疳（げかん）」「横根（よこね）」などと呼ばれる腫瘍が性器や鼠蹊部（そけいぶ）にでき、やがて骨や関節を冒し、鼻が欠けたりする。

「埒（らち）あかぬ　四国をまはる　骨うづき（天明四年）(14)」などは、骨にまで達した梅毒が治り難いために四国巡礼の旅に出ることにしたというものである。第二章にみたように、梅毒のために背が曲がったり、鼻が欠けたり、目が見えない、耳が聞こえないというような、身体障害者になった夜鷹も少なくなかった。こうした症状は、現在の私たちからみると大変酷いもののように思われる。しかし当時の人々は、

見事也　下疳を蚯蚓（みみず）と云ふ丁稚（でっち）（享保中）(15)
口をしい　首尾見合して　寝る疳瘡（天明四年）(16)
はなを見て　もそっとまいれ山帰来（宝永二年）(17)

と、梅毒を「笑い」のネタにする余裕のようなものも持っていた。ミミズにおしっこをかけたから下

瘡ができたんだと開き直る丁稚、下瘡のために女性との交わりを見合わせて寝る男、鼻が欠けて治療薬とされた山帰来がもっと必要だと思われる者たちへの揶揄（やゆ）――ここには、梅毒に罹った者たちに対する強い忌避感や悲壮感はない。

かつて、ルイス・フロイスが「われわれの間では、人が横根にかかったら、それは常に不潔なこと、破廉恥（はれんち）なことである。日本では、男も女もそれを普通の事として少しも羞じない(18)」と、指摘したように、近世の人々も梅毒を、「普通の事」として受け止めていたのではあるまいか。

疾（しつ）やみも　二人程づゝ　大世帯（享保中）(19)

「疾」は「湿」であり、湿病みも梅毒のことである。大きな商家などになると必ず奉公人の二人や三人は梅毒に罹っていたという意味であり、それほどに梅毒はどこにでもある病であった。また貞享四年（一六八七）に書かれたといわれる『吉原五十四君』には、吉原の定書の一条として「役者衆禁制　かさ（瘡）かき御無用」とあり(20)、遊女の側が客の持参する梅毒を迷惑がっていたことが知られる。つまり梅毒は、遊女が客にうつすのみならず、逆に遊女が遊客からうつされるものでもあったのであり、廓に足しげく出入りする者ならば、うつしたりうつされたりする、その意味で「よくある病」であった。

また梅毒は、このような放蕩者（ほうとうもの）の夫や浮気な妻を媒介にして家庭内にも持ち込まれた。『風流日本（やまと）荘子（そうじ）』には、夫が妻を離縁する七条件の一つとして「五には瘡病三病の頗（すこぶるあ）有る女を去る、されども初は其病なく、夫の家に来りて後に、病あるをば去るべからず[21]」とあり、梅毒が妻から夫へ、あるいは夫から妻へと、夫婦の間でも感染する「珍しくもない病気である」と認識されていたことがうかがわれる。つまり梅毒は、廓でも家庭内でも男女双方がうつしたりうつされたりするものであるという認識が広く行き渡っていたと考えられるのである。それは、近世社会における庶民の経験的な認識であったと言える。

以上のように、近世社会における梅毒は、遊女・夜鷹たちと交われば罹りやすい病であり困ったものであると考えられてはいたが、そうかといって社会から排斥されたり、強く忌避すべき恐怖に満ちた病であるとは考えられていなかったということができる。

その理由はいくつか考えられる。まず第一に、この病が、前述のように廓の遊女や遊客のみならず夫婦の間にも持ち込まれる極めて日常的な病、「珍しくもない普通の病」であると考えられていたことによろう。しかし、それ以上に重要であったのは、梅毒が全体に痛みのない病であり、初期の場合、自然に治ってしまうこともある病であったということによる[22]。もちろん、治ったかに見えても、また数ヵ月、数年の潜伏期間を経て再発することもあったが、治ることもあった。自然に治ることもあったし、投薬その他の治療が効を奏して治ることもあった。それゆえに、人々にとって梅毒は「完治しにくい病」ではあったが、決して「確実に死に至る病」ではなかったのである。医師も患者も、治ると思えばこそ諦めないのである。医師は「治療」に情熱を傾け、患者は多くの金銀を費やしても治そうとした。梅毒患者が、面貌が変わったり障害を伴ったりしても、社会から排斥されず「社会の中で」その一員として生活しつづけてきた理由は、以上のような理由によると考えられる。

梅毒は、不特定多数の人と交われば交わるほど、感染する機会が多い。だからこそ、近世の人々は、遊女・夜鷹との交渉が梅毒に罹りやすいこと、廓に出入りする機会の多い遊び好きな客ほど梅毒に罹りやすいことを経験的に知っていた。しかし、そのような一夫一婦規範からの逸脱、「放蕩」は、近世の人々――とりわけ男性にとっては、厳しく批判され指弾されることではなかったし、庶民の女性もすべてが厳密な一夫一婦規範に縛られているわけではなかった。梅毒に罹ることは、多くの性交渉をもった証であったが、それ自体を恥と思い嫌悪したり忌避したりする感情は、少なくとも庶民レベルでは希薄であったと思われる。この点もまた、梅毒が社会から排斥されなかった遠因であった。

五　漢方および漢蘭折衷派医師の認識

以上のような庶民の梅毒観に対して、医師たちは、梅毒の原因についてどのように考えていたのだろうか。『口訣』には「親ヨリ受タル遺毒ナラバ不治ト知ベシ、一代拵（こしらえ）ノ毒気ナラバ能（よく）療治スレバ癒（なお）ルナリ」（四頁）とあり、親から伝えられた「遺毒」が最も重症・不治の梅毒であると考えられている。それでは、遺毒ではない「一代拵ノ毒」は、いかなる原因によって起きるのであろうか。『口訣』では、これについて次のように説いている。

> 京大坂江戸ナドノ人ハ、気アツカヒ多ク、大方ハ腹ニ積癖アリテ、諸病ノ妨ヲ、成ス事ナリ、瘡毒別シテ、其害多シ、其故ハ、積気腹ニ凝結スレバ四肢骨節ノ気脈不通ニナル故、毒気是ニ随テ、凝定シテ、遂ニ一応ニ毒気ヲ下シニカ、リテモ、腹ノ力ハ盡テモ、毒気ハ盡キズ（五〜六頁）

すなわち京・大坂・江戸など都会の人々は気苦労が多く、大方は腹に気をため込み、万病の基となる。なかでも瘡毒はとくに害が大きい。というのも、腹にため込んだ気は凝結すると四肢関節の気脈がよく通じず毒気も凝固・定着してしまうからである、というのである。したがって、このような「積気」を治せば、それに伴って毒気も下って治ると考えられており、女性の梅毒は「経水ニ随テ下ル故、男子ヨリ治シ易キモノナリ」（六頁）とされた。ここでは、梅毒も、その他の病と同じように「気」が通じず体内に滞る「積気」に起因すると考えられており、その毒が内攻すると次第に「歯脱シ鼻柱落チ声唖スルノ類総テ火急ニ命ハ殞サネドモ、皆不治ノ症ト思べシ」（八頁）という末期症状に至ると考えられていた。また「黴毒ハ父母ヨリモ伝来シ、兄弟乳母奴婢ノ類ヨリモ、一笑一談ノ間ニモ交感スル、仮令其人的実ニ下疳・横痃ヲ病タル覚エ無トテ、夫ニテ黴毒ニアラズト言ベカラズ」（九頁）とあり、梅毒が父母兄弟乳母などとの談笑によっても感染すると考えられていたこともわかる。

このように、『口訣』においては、梅毒が男女の性交渉によって感染する性病であるという認識は見られず、その他の病一般と同様に「積気」が原因であると考えられていたということができよう。

一方、『黴瘡約言』（以下、『約言』と略記）では、梅毒の原因について次のように指摘されている。

　此病（梅毒）、或ハ父母ノ遺毒ニ因リ、或ハ居所ノ卑湿ニ因リ、或ハ飲啖之不潔ニ因リ、或ハ宿娼擁妓ニ因リ、或ハ穢悪不詳之人ニ於テ伝染スルニ因ル（二頁）

　凡ソ黴毒北人少ク南人多シ、山ニ傍フ者少ク海ニ傍フ者多シ、村落閭里少ク都会繁華多シ、大人君子敦厚之士少ク小人賤者軽薄之児多シ、見ルベシ、湿熱之蒸鬱必ス温暖卑湿ノ地ニ居リ飲啖情欲之節ヲ失スルニ因ルコト也（乾／五頁）

ここでは、梅毒が「宿娼擁妓」＝娼婦との性交渉によって伝染するものであるという認識が示されてはいるが、それのみならず父母の遺毒、居所や飲食の不潔など多様な原因に基づくものであることが指摘されている。また梅毒の原因が、湿度・寒暑などの自然環境や都市か農村かといった生活環境、あるいは飲食や情欲の節度を失った小人軽薄な者か否かといった生活規範のあり方なども結びついていると考えられていたこともわかる。さらに「遊冶ノ少年一タヒ染レハ則遂ニ禍ヲ妻妾ニ嫁メ、生育スル者ステニ其毒ヲ胚胎ニ受ケ長大ニ至テ復自ラ感受スレハ則旧毒新毒ト相搏チ瘀血凝塊其他ノ諸證ヲ煽動スナリ」（三頁）と、「遊冶ノ少年」＝男性が妻妾に梅毒をうつし、その子にまたうつすというように、梅毒が「男→妻妾」への感染を経て、さらには子供に感染する点を指摘している点が注目される。

すなわち、近世後期の漢方医たちは、梅毒の原因を男女の性交渉、とりわけ娼婦との性交渉に一元化してとらえてはおらず、むしろさまざまな生活環境や生活規範とむすびついた多様な原因に基づくものであると認識していたことがわかる。

六　蘭方医——高野長英の認識

他方、蘭学者の高野長英は梅毒の原因についてどのように考えていたのであろうか。彼は、『黴瘡或問』(以下『或問』と略記)の中で、ヨーロッパの人々の中には、「一婦人が数人の男と交り、一男が数人の女性と交れば、この病を発す」と、梅毒が一夫一婦の性関係を逸脱した男女に発すると考えている人々がいることを紹介している。しかし、長英自身は、たとえ「淫」ではあっても梅毒にかからない者もいるのであるから、この説は正しくないとして、梅毒の原因について次のような彼自身の説を開陳している。

(1)黴毒は異性毒である。異性毒とは分析も解明もできない毒のことであり、①触染毒、②遺伝毒、③流行毒、④感応毒、⑤変性毒、⑥一発毒の六種類に分けられる。このうち③の流行毒とは一時的に流行する疫病の類であり、⑥の一発毒とは一度罹ると再発しない麻疹(ましん)、痘毒(とうどく)のようなものである。また、④の感応毒とは、人身の中に本来その毒に感ずべき性質があり、それが悪性の外気に触れたりして発病するものであるという。たとえば敗血症などがこれにあたる。⑤の変性毒とは、他の病気にかかっている時、薬物の誤用によって別の病に変じる黴癩のようなものである。

（2）黴毒は、①の触染毒である。これは病気の人に触れたり、その毒気のある蒸気を吸引したり、毒液を体内に吸引したりしてかかる病気である。

（3）黴毒は、②の遺伝毒ではない。父母が黴毒を患っていた場合、子供にもこの病が受け継がれることがあるため、人々は、これを遺伝だと言う。しかし、それは胎児が母の子宮の内にある間、毒を血液から受けたり、分娩の時、膣内の皮膚に触れたりして感染するのであり、本来の遺伝毒ではない。遺伝毒とは、胎児が初めからこの毒気を伝え持っている場合のことであり、黴毒の場合は、やはり触染毒である。だからこそ、長年黴毒にかかっている父母から無病の小児が生まれることもあるのである。

このように長英は、梅毒が接触や蒸気などを媒介にして人から人へ伝えられる伝染病であり、たとえ梅毒の父母から生まれた子が梅毒にかかっても、それは遺伝ではなく母の体内における感染に過ぎないことを主張したのである。前述のように、当時、梅毒の原因として「父母からの遺毒」が重大視されていた。このような状況を反映して、長英自身も梅毒の遺伝性の有無に大きな関心を寄せていたことがわかる。「父母の遺毒」が重大視されるということは、当時の医師を含む多くの人々の関心が、「夫婦―子供」という、いわば「家庭の梅毒」にあったことを示している。

次に長英は、梅毒と性行為との関係について考察している。梅毒の女性と交わるとたちまち伝染する場合もあり、伝染しない場合もあるのはなぜか。

長英は、梅毒について「腺液ヲ好テ之ニ交ル」「交レハ一種苛烈ノ毒液トナル」と述べ、梅毒が腺液（体内の体液・粘液）と交わって毒性を現わすものであると指摘する。一方、梅毒は油脂と交わると毒性を現わさない。よって、梅毒の女性と交わって伝染するか否かは、腺液に交わるか油脂に交わるかの差であるという。また、梅毒は「揮発の流体」であるゆえ、腺液のような液体に交わると毒性を現わすが、水気が乾けば梅毒も飛散する、とも述べている。ここには、梅毒の女性との性行為がつねに梅毒感染に至るものではないとする長英の認識と、梅毒の女性と交わっても「なぜ感染しないか」「感染しない条件は何か」ということを究明しようとする、長英の、医師としての探求的な営みがうかがわれる。このような、梅毒の現状に立ち向かう医師の姿は、長英が訳したフレンキの『黴瘡摘要』（以下『摘要』と略記）からも読み取ることができる。『摘要』には、水銀療法に伴う副作用を緩和し、人々の苦痛を和らげつつ効果的に梅毒を治療するために、副作用の少ない治療薬・治療法を求めて実験や臨床を重ねる医師の姿が示されている。『摘要』巻末に掲載されている臨床例を見ると、当時の梅毒患者が、一歳半の乳児から性体験のない「処女」にまでおよんでいたことがわかる。おそらくフレンキの国でも、梅毒は、「娼婦が広める病気」というにとどまらず、乳児から一般家庭の男女にまで広く蔓延していたのであろう。また、そうした現状に直面していたからこそ、蘭学者たちは梅毒治療に努力を傾注したのだともいえる。

以上のように、高野長英の認識は、①従来の、「梅毒は『遺毒』（遺伝）である」という説を明確に否定し、②梅毒が接触感染であることをはっきりとさせた点に大きな特徴があった。これは、一人長英の認識であったのみならず、当時の西欧医師、日本の蘭方医らが広く共有していた認識であったと考えてよい。

七　伝染病としての梅毒の発見

近世社会において、梅毒は、悪化すると鼻が欠け、背が曲がり、目が見えなくなったり耳が聞こえなくなったりするという酷烈な症状を呈す恐ろしい病気であった。しかし、治療次第では治ることもある病気であり、また治ると思うからこそ医師は治療に意欲を見せ、患者も治療を求めた。近世の文芸作品や川柳・雑俳の中で、梅毒がそれほど深刻に扱われていないのは、梅毒が「確実に死に至る不治の病」ではなかったことによる。

近世の医師はもちろんのこと庶民も、梅毒が遊女・売女との性交渉によってうつることを経験的に知っていた。しかし少なくとも、一八世紀までの漢方医や漢蘭折衷派の医師たちにとって、遊女・売女との性交渉は「梅毒の多様な原因の中の一つ」にすぎなかった。また、梅毒が接触感染による伝染病であるという明確な認識にも至っていなかった。梅毒が、接触感染による伝染病であり、腺液（体液や粘液）と交わることで毒性を強めるということを明確に指摘したのは、高野長英ら蘭方医たちであった。それは、後に明治政府が全国的な検梅毒制度を実施するうえで、大前提とした医学的知見であった。

幕末期に実施された日本人遊女への検梅制は、外国人のために外国人医師が中心になって実施されたものである。また明治三年（一八七〇）に島原遊廓や祇園・一力楼[23]にできた日本人のための梅毒療養所も、長つづきしなかったり個人の尽力によるものであったりと、制度化されたものではなかった。政府が、娼妓への検梅を「衛生上最緊要之事」として全国的に制度化することを命じた最初のものは、明治九年（一八七六）四月五日の内務省達（乙第四五号）である。[24]

伝染病毒ノ最酷厲ナルモノハ黴毒ヨリ甚シキモノハ無之。其禍源ハ専ラ娼妓売淫ニ起因スレハ予防ノ法ハ娼妓黴毒検査ノ外無之。娼妓貸坐敷差許候場所ハ必検査方法施設可致処其方法モ無之取締不十分ノ向モ不少哉之趣、右ハ衛生上最緊要之事ニ付篤注意致シ速ニ方法施設取締行届候様可致。此旨相達候事。

但従来施行致居未タ不行届出分並ニ自今施設致候分共方法取調当省エ申出事

この中で、梅毒は、伝染病で最も「酷厲（むごく烈しい）」なものであり、その根本的な原因は「専ラ娼妓売淫ニ起因」するので、予防の方法は「娼妓黴毒検査ノ外無之」とされている。ここには、梅毒が、もっぱら娼妓によってうつされる酷烈な伝染病であるという認識がはっきりと示されており、こうした認識が全国的な検梅制度の実施の大前提であった。幕末に遊女たちへの検梅制が実施された直接の契機は、たしかにロシアやイギリス海軍の要請＝外圧であった。しかし、全国的な検梅制度を実施するための前提、すなわち梅毒が「接触感染による伝染病毒」であるという認識は、開国前の近世社会において、すでに蘭学者たちが到達するところであった。また、梅毒が接触感染により伝染し、体液・粘液と交わることで毒性を強めるという医学的知見は、梅毒が性行為を媒介にして伝染する性病であるという決定的認識を、近代以降多くの人々の間に速やかに浸透させるに足るものでもあったといえよう。

第六章　婚外の性愛——女性史から見た『好色五人女』

一　性愛と倫理

現代の多くの人々が、売春に対して、論理や理屈ではなく、まさに倫理のレベルで否定的な感情をもっていること、またその理由の一つは、売春が恋情や情愛に基づくことなく、相手を特定することもない無人称的・即物的な性だからであることは、第一章で指摘した通りである。しかし、性や婚姻が恋情や情愛に基づくべきものであるという規範が広く人々の間に浸透するようになるのは、近代以降のことである。近世社会における、中上層の農家・商家の女性にとって、性は、本人の意向とさほど関係なく決められる婚姻関係そのものであり、貧困な階層の女性にとっては、暮らしのために、しばしば「売る」ことを余儀なくされるものであったからである。少なくとも、女性史研究の中で、一般的にはそのように理解されてきた。本章では、こうした理解を一応の前提にしながら、売春の対極にある「恋情や情愛に基づく性」という規範の歴史性について、文学作品を手がかりにして考察してみたい。

ここで具体的に取り上げるのは、井原西鶴（いはらさいかく）の『好色五人女（こうしょくごにんおんな）』である。『好色五人女』は、密通した二人の女房と、三人の未婚の娘が主人公であり、いずれも「地女（ぢおんな）」と言われる素人の女性の、婚姻「外」の性愛を描いたものである。ここに描かれた五人の女性の生き方は、それぞれに実在事件のモデルがあったとはいえ、それは決して、当時の人々の間に広くゆきわたっていた、一般的な女性の生き方ではなかった。しかし、この作品が多くの人々に読まれたことは、これが当時の人々の共感を得るに足るものであり、人々の秘められた願望や、芽生えつつある新たな規範に強く訴えるものをもっていたことを示唆している。ここでは、そうした前提に立ったうえで、文学に描かれた、いわば「婚外の性愛」が、当時の人々の如何なる生活や倫理規範を映し出しているのか、またこれまでの女性史研究に対して、新たにどのような問題を提起しているのかを考えてみたい。

二　婚姻を破る性愛——密通

1　密通——命がけの行為

延宝五年（一六七七）正月、大坂順慶町三丁目に住む具足屋七兵衛の女房と、七兵衛の弟八兵衛が密通のうえ、生玉八幡で申し合わせて自害した。いわゆる心中である。大坂町奉行所は、ただちに死んだ二人の首をはね「獄門」として、この首を衆人の前に晒した。三年後の延宝八年、今度は立売堀の借家人、淡路屋源右衛門の女房と淡路島の加子（水夫）次郎兵衛との密通が発覚し、これを見つけた夫が二人を即刻殺害するという事件が起きた。殺害した夫は、もちろん無罪であった。これらの事件は、大坂東町奉行所の与力によって書き記された『御仕置雑例抜書』[1]という記録の中に、乾いた事務的な調子で淡々と綴られている。

西鶴が『好色五人女』を刊行したのは、これらの事件が実際に起こってから一〇年も経たぬ頃である。当時の人々は、すでに密通が、心中、夫の制裁いずれにしても死と向かい合わせの、まさに命がけの行為であることを経験的に知らされていたと思われる。にもかかわらず、密通はその後も後を断たず、『御仕置雑例抜書』をはじめとする当時の裁判記録には、密通のために命を落とした男女の姿が連綿と刻まれている。しかし、これらの史料から二人の男女の密通の事実そのものは知ることができても、二人が「なぜ」密通するに及んだのかを知ることはできない。歴史学（女性史）も、これまで不義・密通の事例を掘り起こし、これを裁く法や裁判のあり方を解明するという点では一定の成果をあげてきたが、「人はなぜ密通したのか」については、ほとんど問題にしてこなかったと言える。その理由の一つは、近世前期の密通では、前述のように奉行所の取り調べ以前に当事者が死んでいる場合も多く、史料として口書（供述書）の残ることが相対的に少ないからである。また、口書が残された場合も、その多くは、事実経過・事実確認を主眼としたものであり、密通に至った者たちの心情に踏み込むことが困難であることにもよる。このような、従来、歴史学が容易に踏み込むことのできなかった心情の領域を、文学作品は垣間見させてくれ、時には、積極的に叙述して見せてくれる。

そこで、ここでは、ある程度心情にまで踏み込んだかたちで、西鶴の『好色五人女』に描かれる密通の特徴をあきらかにし、さらにそのうえに、同時代の現実の密通事件の特徴を重ね合わせることで、当時の男女にとって密通とは如何なる意味を持っていたのかについて考えてみたい。

2　西鶴の描く密通

西鶴は、「一切の女　移り気なる物にして　うまき色咄しに現をぬかし（中略）うるはしき男にうかれ　かへりては一代やしなふ男を嫌ひぬ(2)」と、世の女房たちが、眉目よい男に浮気心を起こし、一生養ってくれる夫には嫌気を起こしていること、また「かくし男をする女」の多い現実などを述べ、密通が、一般的には、こうした女の浮気心によるものであることを指摘している。しかし西鶴は、密通が女の浮気心によるという一般論を述べながら、実際には全く逆の、「かたらひ深い」幸福な夫婦、働き者で貞淑な妻を徹底して描いている。

　樽屋おせん、経師屋（きょうじや）おさんの二人はともに、その美しさゆえに、男の方から強く望まれて結婚する。樽屋は、富裕な町家で腰元奉公をしていたおせんに恋焦がれ、かつては子堕（こおろ）しを正業としていたこさんという女性の仲介・手引きで、結納、輿入れにまでこぎつけ、おせんを女房とする。また、おさんの場合も、長年やもめ暮らしをしていた経師屋が、おさんに一目ぼれし、「是ぞとこがれて　なんのかのなしに縁組を取りいそ」ぎ、おさんを嫁に迎え入れたこととされている。ここに示されているのは、のちに見るお夏、お七のような奔放な女性の姿ではない。結婚相手を決めて能動的・意志的に行動するのは、むしろ男の側であり、女は男の求婚を受け入れる側の立場であったことが、それとなく示されている。

　こうして、祝福され望まれて結婚したおせん、おさんは、ともにたいへん亭主孝行であっただけではなく、縞木綿（しまもめん）や紬（つむぎ）をせっせと織り、堅実に所帯をきりもりする理想的な妻であった。おせんは、風雪の日には飯びつをくるんで冷めないようにし、夏の暑い日には夫の枕元で扇を離さずあおぎ、夫の留守中は、宵から門口を閉めて、ゆめゆめ他の男には目もくれず、二言目には「こちのお人、こちのお人」とのろける——西鶴は、そんな亭主孝行ぶりを、筆を尽くして描く。一方のおさんの方も、「町人の家に有たきは　かようの女ぞかし」と絶賛する。西鶴は、このように亭主思いの女房を、突然、密通する女に一変させるのである。

おせんは、麹屋長左衛門家の五十回忌の手伝いに行き、納戸で仕事をしていた折りに、ちょうど来合わせた主人の長左衛門が棚から落とした入子鉢（いりこばち）で、髪を崩してしまう。これを、長左衛門の女房に見咎められ、密通の濡れ衣を着せられてしまうのである。一方おさんの場合は、腰元のりんが、召仕

図11　樽屋おせん

『好色五人女』の中の挿し絵の1コマ．亭主と和やかに語らうおせんの姿には後に密通に至る女房であることなどは，みじんも感じられない．

の茂右衛門に思いをかけているのを知り、無筆のりんに代わって恋文を代筆してやる。これが功を奏し、いよいよ茂右衛門が忍んで来るという夜、いたずら心から、りんの代わりに寝床で待つ間に、いつしか寝込んでしまい、気がつくとすでに茂右衛門と結ばれてしまった後であったとされている。ここで、密通への引き金とされているのは、決して西鶴のいう女の浮気心ではない。また男の誘惑に流され屈する女の弱さでもない。西鶴は、二人の女房が密通に至る原因を、おせんの場合には、事実無根の疑いをかけられたことに、おさんの場合は、一度の過ちに求めているのである。

さらに二人の女性の密通を決定的にしたのは、いったん事実無根の疑いをかけられたら「是非もない」と思い、一度でも過ちを犯したなら「此うへは身をすて、命かぎりに」と思う、女の側の潔さ、いったんそうなったら夫を捨て、今度は、新たな男を本気で恋するようになり、ひと筋に心を傾けて行く、女の主体的な情熱である。つまり西鶴は、密通を徹頭徹尾、女の側の、きわめて能動的・意志的な行為として描いているのであり、西鶴の描く密通の特徴の第一は、この点にある。また、事実無根の噂や、たった一度の過ちから、密通の覚悟を決めて夫を捨てる、おせん、おさんの潔さも、じつは、単なる噂であろうと、心ならずも犯した過ちであろうと、世間や夫に向かって「潔白」を弁明できない妻の立場の弱さと、妻に強いられた倫理規範の強烈さの裏返しである。西鶴が、密通を、このように事実無根の噂や、ふとした偶然に端を発することとして描いたのは、そうすることで、彼ら当事者には、決定的な倫理的落ち度がなかったことを示そうとしたからであろう。そして、最初は夫に、次には密通の相手にと、結果的には、つねに一人の男に真心を傾けて打ち込んでいく女性の姿を描くことで、逆説的ではあるが、密通の中にさえも、排他的に一人の男を守ろうとする、女性の誠実さが浮き彫りにされることになったと思われる。

西鶴が、文中でくりかえし密通を、「あしき事」「道にはずれた事」と指摘しても、おせん、おさんの密通に対する、心底からの痛烈な指弾が感じられないのは、そのせいである。ここには、女性の軽薄な浮気心を非難しつつも、男女の相愛に基づくものならば、たとえ密通であったとしても非難することはできない、とする西鶴の倫理性が、見え隠れしている。西鶴の描く密通の特徴の第二は、こうした倫理性に求められよう。

3　現実の密通

しかし、現実の密通は、どうであろうか。ここでは、『御仕置裁許帳』(3)という裁判記録の中から、当時の密通の特徴を考えてみたい。『御仕置裁許帳』は、明暦三年（一六五七）から元禄一二年（一六九九）にわたって、江戸で入牢となった者の記録の中から、後の判例ともなるべき事件九七〇件あまりを選んで編纂したものである。相対的には江戸・関東の事件が多いが、それでも、西鶴とほぼ同時代の密通が四一件と比較的まとまって集められており、当時の密通の実態を、ある程度うかがわせてくれる。まず四一件の密通事件の概要を表わしたのが表8であり、わずか四件ではあるが、同時代の大

表8　一七世紀後半の密通

	年月	男	女	概要・裁許など
1	寛文　四年(一六六四)	髪結の使用人	主人の女房	両人死罪
2	五年(一六六五)	鍛冶職人の弟子	〃	女は本夫が殺害、男は死罪
3	八年(一六六八)	「若キ者」	〃	密通を申しかけた男は牢舎→のち赦免
4	一一年(一六七一)	「若キ者」	〃	女は自害、男は牢舎
5	貞享　四年(一六八七)	召仕(召し使い)	〃	両人死罪
6	五年(一六八八)	〃	〃	〃
7	五年(一六八八)	〃	〃	「執心」の旨、状を出した男は江戸払い
8	五年(一六八八)	〃	〃	艶書を出した男は死罪
9	元禄　七年(一六九四)	手代	〃	密通を申しかけた男は江戸追放
10	万治　二年(一六五九)	召仕	主人の娘	両人家出、娘の兄の訴えで両人赦免
11	三年(一六六〇)	手代	〃	男のみ死罪
12	寛文　三年(一六六三)	召仕	〃	娘を連れ出した男は女房・倅と共に大嶋へ流罪
13	三年(一六六三)	〃	〃	娘を女房にもらいたいと言った男は死罪
14	四年(一六六四)	〃	〃	娘を連れ出した男、のち赦免
15	延宝　七年(一六七九)	下人	〃	男は江戸追放
16	天和　三年(一六八三)	〃	〃	男は死罪
17	元禄　四年(一六九一)	旧奉公人	主家の娘	男は牢死
18	延宝　八年(一六八〇)	同居の弟	兄の女房	兄の訴えで赦免
19	貞享　二年(一六八五)	出居衆	義母	男は獄門、女は死罪
20	二年(一六八五)	弟	兄の女房	弟が無理心中をしかけ兄の女房は死に、弟は死罪

21	四年(一六八七)	同心(既婚)	姑(後家)	同心の女房が訴え出て、両人獄門
22	四年(一六八七)	伯父(既婚)	姪(既婚)	双方の配偶者の訴えで、両人赦免
23	元禄　四年(一六九一)	千人同心	女房の妹(既婚)	男が艶書を出し、流罪
24	四年(一六九一)	武家奉公人	姪	男が密通申しかけ、死罪
25	九年(一六九六)	同居の甥	伯母(後家)	甥が密通申しかけ、今も入牢中
26	九年(一六九六)	養父(出居衆)	養娘	両人の間に子、両人死罪
27	年不詳	弟(20歳)	兄の女房(38歳)	弟は自害、女房は死罪
28	年不詳	養父	継娘	継娘を女房にした男は牢死、娘は不明
29	延宝　九年(一六八一)	店借人(借家人)	他人の女房	男が密通申しかける→法事の際赦免
30	元禄　四年(一六九一)	中間(奉公人)	傍輩の女房	男が密通申しかけ、隠岐へ流罪
31	八年(一六九五)	農民	他人の女房	本夫が男を殺害、女房は証拠不十分で赦免
32	寛文一二年(一六七二)	店借人	家主の娘(9歳)	「幼稚之女子」と「密通」の罪で死罪
33	万治　三年(一六六〇)	出家	比丘尼	男は引き回しのうえ磔、女は不明
34	寛文一二年(一六七二)	〃	他人の娘	娘を盗み出す、牢舎のち赦免
35	天和　二年(一六八二)	〃	他人の女房	男は晒しのうえ磔、女は死罪
36	三年(一六八三)	〃	他人の女房か?	密通に合意しない女に傷を負わせる
37	貞享　元年(一六八四)	〃(兄弟)	足軽の娘	出家兄弟二人は牢死、娘は流罪
38	元禄　三年(一六九〇)	出家	他人の女房	密通に合意しない女に傷を負わせて死罪
39	五年(一六九二)	〃	〃	〃
40	年不詳	〃	後家	男は磔、女は死罪
41	〃	出家二人	娘二人と各々	男二人は引き回しのうえ磔、女二人は婢にわたる

『御仕置裁許帳』より。

表9 大坂の例

	年月	男	女	概要・裁許など
42	延宝 五年(一六七七)	具足屋の弟	兄の女房	申し合わせ自害(心中)
43	八年(一六八〇)	淡路嶋の加子	借家人の女房	本夫が見つけ、両人を殺害
44	元禄 五年(一六九二)	同家人	同家先の女房	男が女を殺し、自らも自害(心中)
45	九年(一六九六)	対馬の加子	大坂の加子の女房	〃

『御仕置雑例抜書』より。

坂の事例を整理したのが表9である。またこれらのうち、「出家之密通」として一括されている九件を除いた三六件について、男の側からみた密通相手の女性を類別したものが表10である。表示されたこれらの事件の中には、ただ艶書（えんしょ）を出しただけであったり、主人の娘を女房にしたいと言ったりしただけの者、密通を強要したにとどまった者、密通の疑いをかけられた者など、いわば「密通未遂」の者も含まれている。

さて、これらの表から第一にわかることは、密通の語が、単純に「他人の女房」との性行為だけを示しているのではなく、未婚の男女の「婚姻」外の性愛（事例10、11、13〜17）や、近親相姦（22、25など）、あるいは少女を対象とする性犯罪（32）に至るまでを広く含んでいることである。このことは、幕府が、婚外の性行為——厳密に言えば、妾、娼婦など金銭で購われるものを除く、婚外の性行為——をすべて密通としてとらえ、法的制裁の対象としていたことを示している。

さらに、注目すべきことは、大半の密通——少なくとも公権力の知るところとなった密通の大半が、主人の女房や娘、あるいは近親者との間で行われていたという事実である。主人の女房や娘の相手の男は、言うまでもなく、商家の召仕・手代や職人の弟子であり、多くは住み込みである。また近親者同士の場合も、同居していると思われるものが過半を占めており、当時の密通が、同居して同じ屋根の下に暮らしているか、かなり頻繁に出入りする者同士の間で起こっていたことがわかる。つまり、密通はきわめて日常的な生活圏内で起こっていたと考えられるのである。このことは、密通が、たとえば夫の留守中に「一所ニ臥り罷在候を」、帰宅した夫に見つけられたり（1、19、27）、「兼々心付候」（4）と家人に気づかれたりして発覚する場合が少なくなかったことにも示されている。

こうした密通の背景として、まず考えられるのは、当時の婚姻制度であろう。表8を見てもわかるように、密通当事者の男で職業のわかる者の大半は、手代・召仕・下人・出居衆といった奉公人である。当時、結婚して安定的に家庭を営むことができるのは、一定の階層以上の者たちであり、その意味で、制度的結婚そのものがひとつのステイタス・シンボルでもあった。下層庶民の中には、四〇～五〇歳になっても結婚できない男女、たとえ事実上の結婚をしていても、夫婦が別々の奉公先を転々として同居できない夫婦が決して少なくなかった。とりわけ、ここに示された

表10　密通の女性

主人の女房	10
主人の娘	8
女房の妹	1
養母	1
兄嫁	5
姑	1
姪	2
伯母	1
養娘・継娘	2
他人の女房	4
幼女	1
計	36

商家や職人の奉公人は、少年期に奉公に入り、独身のまま長期の住み込み生活をする者も多く[4]、また出居衆などの短期出替りの奉公人も雇用そのものが不安定であり、安定した結婚生活などは望むべくもなかったと思われる。こうした都市奉公人の男たちが、限られた日常生活の中で身近に接することのできる数少ない女性が、主家の女房や娘、あるいは兄嫁・伯母・姪などといった近親者であったと言えよう。

一方、女性の側は逆に、少なくとも何人かの奉公人を置き、そこそこの家業を営んでいる家の女性たちである場合が多い。そのような家での夫は留守がちであり、分相応に女性と「金で遊ぶ」こともあったと思われる。加子（水夫）の女房の密通も、おそらくは夫の不在が長いことに関係があろう(43、45)。しかも当時の結婚が、親や親族の意向によって決定され、女性本人の意志や愛情が度外視されていたことを考えると[5]、「うまくいかない夫婦」が、決して少なくなかったことが想像される。実際、夫を嫌い、髪を切ってでも離縁したいと我を張る女性もいたし[6]、髪を切って鎌倉（縁切寺・東慶寺）へ行くつもりで家を出た女房が、付き添って家を出た召仕とともに、密通の疑いをかけられ死罪となっている例もある（5）。また夫婦仲の悪い商家の女房が、手代から密通をもちかけられ、「このように密通を申しかけられるのも、夫が自分を女房のように扱わず、昼夜外出して留守ばかりさせるからである、手代にまで侮られて無念である」と、夫から放置された口惜しさを吐露している例もある（9）。こうして見ると、密通当事者となる女房たちの問題は、先に西鶴の指摘したような「浮気心」からだけでは説明できない。その底には、意に沿わぬ結婚生活の中で生じた、女房たちの不満や寂寥が沈殿していたと見ることができるのである。

現実の密通は、西鶴が描いたように、幸福な結婚生活を送る妻が主人公なのではない。むしろ結婚生活に不満や寂寥を抱えた女と、結婚して独立した所帯を安定的に維持することが容易にはできない男との間に生まれたものであったと見られる。その意味で、密通処罰は、既婚女性と階層の低い男性を、もっとも苛酷なかたちで断罪するものであった。

現実の密通を考えるうえで、次に注目しなければならないのは、先に表8・9に示した四五件の密通事件のうち、密通を申しかけたり、艶書を出したりしただけで罰せられている事例が一四件あることである。たとえば事例23では、八王子の千人同心が、すでに縁付いた女房の妹に艶書を出して、八丈島へ流罪となっており、事例7では、召仕が主人の女房に「執心」の旨、艶書を書いて江戸払いになっている。また、召仕が主人の娘を女房にもらいたいと言ったばかりに死罪となっている例もある(13)。しかも、こうして艶書を書いたり密通を申しかけたりして、処罰されているのはすべて男性である。これは一般的には、前述のように、すでに結婚している女房や、これから結婚するはずの娘に比べて、独身を強いられている奉公人や下層庶民の男性の方により強く、性愛を求める契機が存在したからだと見ることができよう。しかし、これらの事件にさらに立ち入ってみると、男からの密通の申しかけが大変執拗であるケース、あるいは、これに応じないがための、無理心中や刃傷事件に発展しているケースが一一件と全体の四分の一を占めており、じつはこの点に、当時の密通の、注目されるべきもう一つの面が潜んでいると思われる。

たとえば、密通の申しかけは、艶書を出すという以外に、「主人之留守之節　主人女房臥り罷在候閨え忍入」(3)、「(主人)留守之節度々忍入」(9)と、直接に寝室に忍び入ったり、密通に応じない女性に「剃刀を懐中致し　害し申すべく体」(25)、「(夫を)討果シ申すべき由にて脇指を抜」(29)、「口なふり(嬲り)仕候」(30)などと、脅迫やいやがらせをしたりする方法でも行われている。また実際に、密通に応じない女性に、「手を負せ候」(37)、「押臥せ　左之頬先を少シ小刀ニて突申候」(38)、「女房之顔三ケ所　剃刀ニて疵付」(39)と傷を負わせたり、さらには「意恨ニ存じ脇指ニて(中略)七ヶ所切付」(20)殺害してしまった例さえも見られる。これらの事例は、密通の申しかけが、男の脅迫や威嚇の下に行われていたことを如実に示しており、実際の密通の中にも、こうした脅しを伴った例が少なくなかったことを示唆している。樽屋おせんの場合も、当時の歌祭文によれば、かねておせんに横恋慕していた麴屋長右衛門(作中では長左衛門)が、おせんの五歳になる松の介という男子に匕首を突き付けて情交を迫ったために、おせんが、仕方なくその求めに従うふりをして奥の間に入ったところへ、夫が帰ってきた…ということになっていると言う。(7) これまで見てきた点から言えば、少なくとも西鶴の『好色五人女』の中のおせん物語より、こちらの方がずっとリアルである。

このように、現実の密通は、時に威嚇や脅迫を伴って、女性を屈服させた場合も少なくなかったのである。

4 婚姻制度と密通

密通に対する厳しい処罰は、密懐法(みっかいほう)の名で中世社会において成立した。妻を盗まれた夫（本夫）が姦夫殺害を志向する傾向は平安期末頃からみられたが、それが社会的に容認された慣習となるのは、鎌倉時代のことであり、しかもこうした慣習が、成文法として定着したのは、むしろ戦国期に入ってからのことである。戦国大名の定めた分国密懐法の要点は、①本夫による姦夫・姦婦殺害、②本夫は姦夫を、寝所で殺害すべきであり、この場合、姦婦をともに討つ必要はない、という二点にしぼられるという。(8) 近世の密通法も、この分国密懐法に見られる、姦夫・姦婦殺害という法理を中核としつつ、さらに細分化された罰則規定を盛り込むことで、広範な庶民の性規範を律するものとなった。このように、中世から近世にかけて、密懐・密通に関する慣習が成立し成文化されていく過程は、婚姻形態で言えば、単婚形態の中でも婿取り婚から嫁取り婚へ移行し、やがて嫁取り婚が一般的に成立する過程と、軌を一つにしている。密通が、歴史上とりわけて、嫁取り婚という婚姻形態と深くかかわって現われることには根拠がある。

嫁取り婚は、本質的には、家父長が嫁を取る婚姻形態である。この婚姻形態の下で、それ以前の一夫多妻関係（正式の妻が複数いる）から、一夫一妻の夫婦を中心とする家父長的単婚家族が成立し、妾や側室と区別される正妻の地位が確立したと言われる。(9) 嫁取り婚は、家父長の掌握する土地・財産を純父系的に相続させる——つまり確実に父の血を引く嗣子(しし)に継承する手段として成立したため、妻にのみ一方的に貞操を強要することになった。(10) 中世の密懐法や近世の密通法は、一義的には、こうした家父長的嫁取り婚の下で、妻の貞操を確保することを目的に法制化されたものであり、この婚姻形態の下で、妻の性的自由は、少なくとも法制のうえでは、完全に封じられることになったのである。それは、武士や上層庶民だけではなく、それ以前には、もう少し自由な性的慣行の中で暮らしていたと思われる下層庶民にまで、一律に強要されることで、むしろ、こうした庶民層をもっとも厳しく断罪するものとなった。

しかし近世を通じて、庶民の密通は、それでもなお法を破り、婚姻制度を破って歴史の表面に現われるのを止めることはなかった。それらの密通の中には、当事者の自害や心中に帰結するような、夫や妻に申し訳ないという倫理的葛藤を伴う場合もあったし、主人の女房や娘と奉公人との間に生まれた自覚的な恋情の結果である場合もあったことは確かである。しかし同時に、近世の密通が、「同じ屋根の下に暮らす」男女の、恋情というよりは、より原初的な欲望、愛欲に近いものであり、女が男の力や威嚇に屈するかたちでなされた場合も多かったことは見逃せまい。

西鶴が文学の中で描いたのは、後者のような、女を力によって屈服させた密通でも、欲望に流された男女の馴れ合いでもなかった。それは、女性が意志的に選択した密通であり、男女の恋情や情愛に基づくものであった。そして、そう描くことで、人々の心の中に潜む、こうした男女のあり方への共感を引き出すことに成功したのではあるまいか。

ヨーロッパにおいて姦通は、「性愛が情熱として——性的衝動の最高形態として、歴史上に現れる最初の形態[11]」と見なされ、近代に至るまで、恋愛詩や恋愛小説の格好の素材とされてきた。おせん・おさん物語もまた、未熟ながらもそのような意味での姦通小説であったといえる。

三　未婚の娘たちの性愛

1 「情痴」と「恋愛」の間

かつて高群逸枝(たかむれいつえ)は、その著『恋愛論[12]』の中で、アジアを「恋愛も又、ほとんど何らの段階もなさず情痴の世界に停滞しただけであった」と見なし、西欧中心の恋愛史・恋愛論を叙述してみせた。高群が、日本における「婚姻」史を精力的に追究してきたのとは対照的に、恋愛史・恋愛論を西欧中心に叙述せざるをえなかった理由の一つは、高群の恋愛のとらえ方にある。高群は、恋愛を「生殖（肉欲）とは別個のもの」であり、その目標は「両性の知的・心情的一体化である」ととらえ、さらに「恋愛上の良心＝貞操」をその重要な属性と見なした。そのため、娼婦との性愛、婚外の性愛などは、ことごとく「正常な恋愛」の範疇からはずされ、近世社会において「貞操の良心は、ここに完全に滅び去ったのである」と断じることになったのである。つまり、高群の目から見ると、近世社会は、恋愛上の良心を失った男女の、欲望と情痴が繰り広げられる世界であり、到底、恋愛史の対象たりえなかったということになる。

しかし、そのように断じてことが済むのであろうか。少なくとも、『好色五人女』に登場する未婚の娘たちの性愛のあり方は、高群の言う意味での「恋愛」ではないとしても、「生殖」そのものでもなく、また西欧の「天上的プラトニック・ラヴ」[13]とも異なるものである。とするならば、近世の性愛を、近世という歴史段階に固有の質をもつものとしてあらためて検討しておく必要があろう。

こうした、近世の性愛の歴史性ともいうべき問題について論じた、歴史学者の側の仕事としてほとんど唯一のものと思われるものに、高尾一彦の仕事がある。氏は、近松門左衛門(ちかまつもんざえもん)の作品を例にとりながら、近世の愛情の質を「好色余情」と名づけ、これを愛欲一般とは区別して、「近代的恋愛にはまだ遠いけれども、男女の愛情生活の意識的な享受、あるいは知的な反省を内包しているもの」ととらえた。[14]そして、近世の庶民世界においては、恋愛の生活感情がある程度客観化・意識化され、そこに「恋愛のあるべき姿とは、正式の夫婦であるか否かにかかわらず、一人の男と女の排他的関係である」とする倫理、あるいは美意識が形成され始めていることを指摘した。氏が、近松の作品を素材にしながら、近世の性愛を、近代的恋愛とも愛欲一般とも区別して、そこに独自のメンタリティ（「好色余情」）を設定したこと、そしてそのメンタリティの核心が、一対の男女の愛し愛されたいと願う排他性にあったことを指摘したこと等については異論はない。それは、高群の議論より一歩深まった論点を提示したと言える。しかし、『好色五人女』の中には、近松が脚本という形式をとって諄々（じゅんじゅん）と語らしめた男女の濃やかな真情・葛藤についての叙述は、ほとんど見られない。西鶴が『好色五人女』の中で描いた世界は、高尾が「好色余情」として指摘する「愛情生活の意識的な享受」「知的反省」というよりは、もっと直截に、当時の男女の恋情を描いているように思われる。そして何よりも、そうした恋情に駆られる情熱の主体としての女性を前面に押し出している点で、女性史を研究する者には、近松以上に強烈な印象を与える。

2　西鶴の描く恋情

では、西鶴は、恋情を如何に描いているのであろうか。『好色五人女』に登場する三人の未婚の娘、お夏、お七、おまんの恋の対象となる男たちは、いずれも例外なく、情の深いやさしい男であるのみならず、美しい男として描かれている。お夏の相手、清十郎は「生れつきて、むかし男をうつし絵にもまさり、そのさまうるはしく、女の好ぬる風俗」と示されるように、女好きのする美男であり、かつては数多くの遊女から深く慕われた情の深い男であった。お七が恋した吉三郎も「やごとなき（上品な）若衆」であり、寺の坊主が「やさしく情のふかき御かた」と語るほどの男である。それゆえにこそ、これを聞いたお七はいっそう恋心を募らせることにもなる。また、おまんも「源五兵衛へ男盛をなつみて」とあるように、その男盛りの美しさに惚れ込むこととされている。このように美貌の男を登場させることは、『好色五人女』のような、いわゆる色恋を描く小説としてはしごく当然のことのようにも思われる。しかし、おせんの夫の樽屋、おさんの夫の経師屋、それに後に、おせん、おさんの密夫となる長左衛門、茂右衛門らについては、その容姿にほとんど触れていない。つまり、娘たちが心底打ち込む恋の相手だからこそ、美しい男として描いたのであり、そのことによって、恋とは、容姿も心映えも美しい男への急速な心の傾斜から始まることが示されるのである。

こうして恋に落ちた娘たちは、自ら果敢な求愛の行為に出る。興味深いのは、娘たちの求愛が相手の気持ちを確かめることにとどまらず、直接に相手を得ようとする行為として描かれている点である。お夏は、人伝てに清十郎に出す手紙で恋情を訴え、清十郎もまた、お夏の気持ちを受け入れ、ともに「恋にせめられる」日々を過ごす。そしてついに、ある春の野遊びの日、みんなが獅子舞芸人に気を取られているすきに、花見幕の中に仮病を装ってお夏自ら清十郎を誘い入れ、思いを遂げる。お七は火事を逃れて避難した先の寺で、吉三郎に一目惚れし恋文を書く。そして、吉三郎のほうからも、いれちがいに恋文が届き、互いの気持ちがわかると、自ら吉三郎の寝間に忍び入り、強引に交わりを結ぶ。おまんは惚れた源五兵衛に思いのたけを書いた恋文を届け、返事がないとなると、若衆姿に身を替えて、出家して山奥の草庵に住む源五兵衛のもとを訪ね、ついに男色の源五兵衛をくどき落とし、自分のものとするのである。前述のように、西鶴は、恋する男女の真情・葛藤について多くのことばを費やしていない。一人の娘が、美しい男に恋をして、求愛し合意を得て結ばれるまでの経過を簡潔に無駄なく物語っていく。それゆえにこそ、恋情と愛欲は一つづきのものであり、分かちがたく結びついていることが、率直に読む者に伝わってくるのである。

ここには、恋情が、相手の心も肉体も我がものとしたいと欲する情熱そのものとして描かれており、恋の成就が、相互の恋情を前提とした心情的・肉体的一体化であることが端的に示されている。『好

図 12　八百屋お七と吉三郎

八百屋お七の物語は近世歌舞伎でもくりかえし上演された．これは 18 世紀に鳥居清倍によって描かれた瀬川菊次郎のお七，尾上菊五郎の吉三郎である．東京国立博物館蔵．

色五人女』に示される恋情は、高群の言う「知的・心情的一体化」でも「情痴」そのものでもなく、恋愛を「性欲の一つの詭計にすぎない」とみるような、近代のイデオロギッシュな恋愛観に基づくものでもない[15]。また、女性の母性を尊重する一方で、罪業視する中世的・仏教的な女性観[16]を前提とするものでもない。西鶴の描く近世の恋情は、①愛欲と切り離された心情や精神ではなくむしろ愛欲と一つづきの、一個の全体的なメンタリティであり、②しかも、その恋情は、容易に結婚に結実しないもの、否むしろ結婚制度の外に実現されるものであり、③またそこでは、求愛の主体、愛欲の主体が女性とされることで、かえって男女の「対等な恋情に基づく性」が際立ったかたちで示されている、という点に大きな特徴が見い出される。

3　妻の密通と娘の密通

『好色五人女』に登場する三人の未婚の娘が、いずれも相当富裕な商家の娘であることは、随所に示されている。お夏の家「但馬屋」は、手代などの男の奉公人の他に、縫物奉公人、女中、乳母、下女などかなり多くの女性の奉公人を置いていることで、それと知られるし、お七の父、八百屋八兵衛も「むかしは俗姓賤しからず」と、立派な氏素性の出であることが指摘されている。また、おまんの生家「琉球屋」も、その蔵の中に「世に有ほどの万宝、ない物はなし」と言われるほどの財力を蓄えた商家として登場する。つまり西鶴は、未婚の娘でも、借家住まいの小商人やその日暮らしの奉公人の娘たちではない、上層商家の娘たち——家業として商売を営み、相応の家名・家産を有する家の娘たちを主人公としているのである。このクラスの商家の女性たちは、親や親族の同意を条件に、ほぼ類似した営業・家格の商家と婚姻関係を結び、結婚後は、奉公人たちを指揮して、あるいは自らも直接に家事を担う主婦としての生活をするのが一般的であった(17)。これまでの女性史研究も、この階層の女性たちを、家の存続のために子を産み、家と家業の発展に尽くす担い手として描いてきた。

このように、従来の女性史研究が、家と強く結びつき、家に深く取り込まれた女性として描いてきた上層商家の娘たちの、親の意向に背く性愛を、西鶴は正面から取り上げているのである。しかも、西鶴は、娘たちの率直な恋情と果敢な求愛の様を、ユーモアを交えながら描いており、そこには、若い娘たちの「婚前の性」に対する倫理的非難はほとんど見られない。

西鶴は、前節で見た如く、『好色五人女』の中で、密通一般については、かなり批判的な見解を述べており、それは、娘たちの「婚前の性」に対する肯定的な叙述と、あきらかに異なっている。つまり西鶴は、同じ婚姻外の性であっても、夫のある女房の密通より娘たちの「婚前の性」に対しての方が、ずっと寛容なのである。しかし、このような、未婚の娘の性に対する寛容さは、ひとり西鶴のものであるのみならず、幕府法にも反映されている。

幕府法の基本法典とも言うべき『公事方御定書（くじかたおさだめがき）』(18)の第四八条は、「密通御仕置之事」として、密通にかかわる罪と罰を二六項目にわたって規定している。このうちの大半は、妻の密通およびその相手や、それに関与した者たちを罰する項目であるが、中にいくつか、未婚の男女の性愛に関する規定を含んでいる。

たとえば、「主人（の）娘と密通いたし候もの」は、「中追放」「娘ハ手鎖（を）かけ親元えあい渡す」となっているが、これは、主人の妻と密通した男が、「引廻之上獄門」となるのに比べ数段軽い。また、密通した妻とその相手の男がともに死罪となるのに対して、「夫これなき女と密通いたし誘引出候もの」は、「手鎖」ときわめて軽い扱いとなっている。夫のいない未婚の娘や寡婦と密通し、誘い出した場合に限って「手鎖」とされるということは、誘い出しさえしなければ、夫のいない女性との〈密通〉は黙認されたということである。また、「下男下女の密通」は、両人を「主人え引渡遣ス」としており、これも刑罰の対象から除外している。つまり、主人の娘と手代など身分的秩序に抵触する場合を除き、一般的な未婚の娘や下女の密通は、公儀の刑罰ではなく、親や主人の成敗権・懲戒権の下に置かれていたのである。これらの点は、次の二つの点で重要である。すなわち第一に、前節でも指摘したように、当時の公権力が、たとえ未婚男女の間の性であっても、婚外の性は一律に〈密通〉ととらえていたこと、第二に、それにもかかわらず、妻の密通に比べ未婚の娘の密通は、総じて大目に見られていたという点である。『好色五人女』の中でも、お夏の相手清十郎は盗みの罪、お七は放火の罪で命を落としたこととされており、密通が理由で死罪とされたわけではない。

『公事方御定書』の規定が、最終的に確定するのは、一八世紀半ば頃であり、西鶴が『好色五人女』

を書いてから、ほぼ半世紀を経ている。西鶴が、未婚の娘たちの性を肯定的に描いたこと、それから半世紀後の幕府法が「夫なき女の密通」を黙認したことなどを考え併せると、近世社会において、夫をもつ妻以外の女性の性は、未婚、寡婦を問わず比較的寛容な受け止め方をされていたと考えることができる。このような、性に対する社会一般の受け止め方が背景にあったからこそ西鶴は、かくも大胆かつ肯定的に、未婚の娘たちの密通を描くことができたと考えられる。

四　恋情や情愛に基づく性

「恋情や情愛に基づく性」は、今でこそ、結婚と矛盾しない、そしてごく当然の性規範として受け止められている。しかし少なくとも近世社会において、それは、一般的な女性の性規範でも生活実態でもなかった。もちろん、娼婦と客の間に恋情が芽生えることもあったであろうし、恋情が実を結び婚姻に至った男女もいなかったとは言えまい。また結婚した夫婦の中に情愛が育まれることもあったであろう。しかし、それにもかかわらず、お夏、お七、おまんの「恋にせめられる」ような恋情が婚姻に結実することは、きわめて稀であった。近世社会における女性の性は、恋情とほとんど因果関係のないのが実態であったし、売春のみならず婚姻も、当人の恋情を前提とする必要がなかったからである。

西鶴が描いたのは、このような、多くの女性にとっては、現実から遠いところにある性愛の姿であった。が、同時にそれは、全くの絵空事ではなく、わずかながらもそうした性愛をわがものとして生きた実在の人物がいたという程度の遠さにある性愛の姿でもあった。それは、婚姻を破り、婚姻に結実しないという意味で、婚「外」の性愛ではあったが、確実に男女双方の恋情や情愛に基づくものであった。

「恋情や情愛に基づく」限り、たとえ婚姻外の性であっても、その性を肯定するという観念は、近代的な性規範の核心である。西鶴の『好色五人女』はまさに、こうした新たな性規範の萌芽を示すものであったと言えよう。

終章　近世売買春の構造

本書では、近世売買春の中心に位置する廓の遊女＝公娼について具体的な分析を行っていない。しかし、廓を構成する「遊女・売女」と「芸者」という二種類の女性のうち、従来ほとんど実証研究のなかった地方の廓の芸者について第四章で具体的な分析を行ったことで、廓研究において一定の任を果たし得たと考えている。

また、廓の遊女研究は、従来もっとも研究蓄積のある分野ではあるが、売春史の視点からいえば、近世売買春社会の特質は、むしろ公娼制の周縁に展開する私娼群や「売女がましい」とされる女性たちの中にこそ見出しうると考えたからでもある。

そのうえで、ここでは、第一章に示した課題——近世を、廓の遊女から夜鷹・惣嫁といった最底辺の街娼までを含めた売春社会として構造的に把握するという課題——に沿って、近世売買春の特質と構造についてまとめておきたい。

一　近世公娼制の特質

1　廓の成立

日本近世の公娼制の特質の第一は、公認されたのが個々の娼婦でも娼館でもなく、「傾城屋」「遊女屋」といった営業主が売買春営業を行うことのできる空間・区域＝「傾城商売御免之地」であったという点である。このことは、梅毒検査を機に、個々の娼婦を登録・公認する近代以降の公娼制と決定的に異なるところであり、それはそのまま、幕府の主たる関心の所在が、売買春や娼婦・娼館そのものにではなく、「どこで営業することを認めるか」にあったことを示している。

しかも公認されたのは、最終的には、それまで人家もなかったような市街地はずれの、「廓」という特殊な構造をもつ空間であった。廓とは、本来、砦を囲む外周の堀や土塁を意味する「曲輪」からきた言葉であり、事実、江戸・大坂・京都などの大規模遊廓は例外なく、塀で囲み、堀や溝を巡らし、出入り口を限るなど城砦の様相を呈していた。これは、市中に遊女屋・傾城屋が散在していたと言われる、それ以前の日本の状況と異なっているのみならず、中世ヨーロッパと比較しても際立った特徴を示すものであった。(1) 問題は、なぜ市街地のはずれに、このような城砦のごとき廓を創出したのかと

図 13　大坂の廓　新町の賑わい

堀で囲まれた廓に通じる新町橋を遊客たちは徒歩やかごで通った．供を連れ頭巾をかぶった武士の姿も見える．新町橋『摂津名所図会』．

いうことであろう。従来、その理由としては、遊廓を一般市街地から隔離するためであったという説明がなされてきた。しかし、なぜ遊廓を隔離しなければならなかったのか、なぜ「廓」という特殊な構造をとったのかについては、あらためて整理しておく必要があろう。

その理由の第一は、近世初頭の傾城町や遊女屋が、成立後まもない幕府にとって、政治的にも治安のうえでも懸念すべき対象であったと思われる点である。まず当時の揚屋・遊女屋には牢人が多かった。先の吉原公許を願い出た庄司甚右衛門は小田原北条氏の家臣の家から出ていると言われ、(2)京都の二条柳町に秀吉の許可を得て遊里をひらいた原三郎左衛門・林又一郎も牢人であり、(3)大坂の瓢箪町から移り新町の町年寄を務めた木村又二郎も秀吉ゆかりの牢人であった。(4)また慶安事件後、由井正雪の「余類」詮議が行われた折り、親類の「好み」があるとして吟味を受けた揚屋があったが、(5)彼も牢人であろう。このように揚屋・遊女屋自身が牢人であっただけではなく、そこに出入りする人々の中にも西国大名の家臣・牢人が少なくなかった。寛永年間の吉原では、西国大名家中の「侍ともいひ、又浪人ともいふ主従五人連」が、揚屋に立て籠るという騒ぎを起こし奉行所に捕らえられているし、寛永一五年（一六三八）には、「二刀の達人」宮本武蔵が新町の馴染みの遊女「雲井」に会いにきたこと、当時武蔵と懇意で、柔術では当代随一と言われた一橋如見斎の弟子野村玄意、武蔵の弟子と言われる山田三之丞、並木源左衛門などがいずれも新町や吉原の遊廓内に居住していたと伝えられることなどから、(6)吉原はじめ当時の遊廓に、牢人や武芸者が居住・出入りしていたことがうかがわれる。

しかも、現実の遊女町・傾城町で、しばしば喧嘩・刃傷事件が起こったことは「廓内での喧嘩は切られ損」とする当時の廓法度（『御仕置雑例抜書』）[7]から容易に推察できよう。

「同房語園異本」には、吉原公許を幕府に訴えるに先立って、庄司氏を含む同業者何人かが、このことの是非について話し合ったことが伝聞として記されているが、この中で、おそらく願い出ても公許されないであろうとして、公許無用を唱えた岡田九郎右衛門に対して、庄司氏は次のように述べて公許を求めるべきことを主張した。

定りたる遊女町なき故に、年月を重ぬるに随ひ所々に遊女屋際限もなくふえて（中略）遊女の数も夥しくふえ、ばさらを好むものも又限り無く多くなるべし（中略）結局犯人科人も多く出来、不義の争論訴論事絶ることあるべからず、只今まで有来りし傾城商売の者の内にも、不埒なる筋もあれば、とかく傾城町の場所一か所御定ありて、其外には遊女の類ひ無之は、世間町中の為にも可然道理也。

つまり、遊女屋・遊女が増えれば、ばさらを好む者も増え[8]、結局、犯罪や争い事が絶えないであろうというわけである。慶長一七年（一六一二）に、吉原公許を願い出た庄司甚右衛門の願い出の理由三ヵ条には、こうした認識を反映して、当時の遊女屋が、金さえ出せば牢人・悪党・欠落人などにとって格好の潜伏場所であるとともに、遊ぶ金欲しさの遊客の横領、人かどわかし、喧嘩や刃傷事件など犯罪・違法行為を醸成する場所であったことが示されている。近世初期の大規模遊廓が「廓＝曲輪」構造をとって成立したことは、当時の遊女町・傾城町を支配していた、このような粗野で武断的な雰囲気と決して無関係ではなかったであろうし、それが隔離・隔絶されたかたちで公許された理由も、幕府の売買春に対する何らかの見識に基づくものではなく、むしろ治安的関心からであったと考えられるのである。

遊廓が市街地から隔離された理由の第二は、近世初頭の遊女が、芸能者であったことと深くかかわっている。とりわけ慶長十年代から元和初年にかけては、京都を中心とする女性芸能者に関する記録が比較的多く残されており、この頃が女性の芸能活動のピークであったと考えられる。[9] 当時、禁裏(きんり)・御所では女舞(おんなまい)・女能・女歌舞伎などが盛んに催され、社殿境内や四条河原の芝居小屋では、遊女たちによるかぶき踊りが好評を博していた。人々は、興行の後は気に入りの遊女を揚げて夜もすがら遊んだといわれる。遊女のかぶき踊りは、京都のみならず江戸や駿府でも行われ、町人はじめ武士・貴族までを熱狂に巻き込んで、遊女をめぐる喧嘩や争いも絶えなかった。このような状況に対して、寛永六年(一六二九)、幕府は女歌舞伎・女舞・「男女打ち交じり」の芝居や踊りを禁じ、芝居舞台に「女人一切出間敷(いだすまじき)」ことを命じた。[10] これによって、遊女をはじめとするすべての女性は、芸能の舞台から徹底的に排除されることになった。京都では、女歌舞伎禁令の翌寛永七年、六条柳町の傾城町を「町はつれへ出し可申」ことが幕府内で検討され、その後一〇年の準備期間を経た同一七年(一六四〇)年、洛西朱雀野(すざくの)(後の島原)へ移転となった。[11] 駿府でもこれに先立つ慶長一三年(一六〇八)には遊里の町割に先立って、まず女歌舞伎が町はずれに放逐されており[12]、市街地はずれの廓が、売買春の隔離というより、むしろ女性芸能とそれに伴う熱狂・喧嘩・争論の禁圧・隔離策の一環として成立した状況がうかがわれる。

2　公許の論理

近世初頭に成立した三都の大規模遊廓の公許は、以上見てきたように一七世紀前半という政権成立期の政情を反映して、多分に治安統制的論理に立脚するものであった。これによって、その後公許の遊廓「外」で行われる売買春は、厳しい取締りの対象となったが、それにもかかわらず廓外の私娼は増えつづけた。幕府が、さまざまな制約を設けつつも、実質的には遊廓外での売買春を公許するようになるのは、一七世紀後半〜一八世紀にかけてのことである。ここでは、一七世紀後半以降の、幕府が売買春を公許する際の特質について考えてみたい。

まず第一は、売買春に対する公権力の脱倫理的対応、すなわち幕藩の公権力が売買春に対して何ら道義的・倫理的判断に基づいて対応することがなかったという点である。幕府が茶立女（ちやたておんな）や飯盛女（めしもりおんな）を次々と公許し、各藩が城下町に廓を設けることを公許する論理も、これを願い出る庶民側の論理も、ほとんど例外なく「町方・宿方之繁栄」「渡世上下之潤（うるおい）」という、経済の論理であり、人間の愛欲や売買春行為そのものに対する倫理的評価や是非が公許（もしくは禁圧）の論拠として論議の対象となる

図14 茶 屋 女

茶屋女は，本来，客に茶を供するいわゆる「看板娘」であったが売春を行う者も少なくなかった．そのような場合，茶屋の奥座敷が男女密会の場として利用された．勝川春潮「十二候六枚続（弐）」上段，たばこと塩の博物館蔵．

ことはなかった。また第二章で指摘したように、売買春をめぐる訴訟・争いも、親と本人が得心のうえで身売的奉公契約を取り結んだことを理由に、私的な取引・契約の問題として、「相対（あいたい）」の問題――当事者任せの問題とされるなど、多くの場合、売買春は、経済の問題・私的契約の問題として扱われた。このことは、日本近世社会において、広範な人々の婚姻や性愛を律するような宗教的規範も、またそのような宗教的権威と結びついた世俗的権力も欠如していたことと深くかかわっていたと思われる。おそらくこの点が、中世ヨーロッパなどとの大きな違いであろう。したがって、幕藩の公権力が、売買春を禁じるのは、それが「公許の場所」以外で行われる場合のみであり、禁止の理由も「御仕置あい立たず」（公許の地以外で売買春が行われるようでは、政治権力の威光に傷がつく）という一点に尽きたと言える。このような公権力の脱倫理的対応は、必然的に売買春を生活の問題、胃袋を満たす問題と見なすことになり、「飢渇之者（きかつのもの）」の単純売春も黙認されることになった。[13]

公許の特質の第二は、売買春の実態を承知しながら、あくまでも下女・給仕女などの名目で、人数を制限してこれを公許したということである。延宝六年（一六七八）、幕府はまず茶屋の給仕女を一軒に二人と定め、享保三年（一七一八）には、飯盛女についても旅籠屋（はたごや）一軒に二人と定員が定められた。茶立女・飯盛女は、近世の代表的な準公娼ともいうべき存在であるが、幕府は公的には、茶立女は茶屋の給仕女、飯盛女は飯盛下女として、すなわち売春を専業とする「売女」ではなく、下女奉公人であるとしてこれを公認した。奉行所へ提出する茶屋の営業規定には、茶立女の衣服、夜半の営業や遊客の泊まり禁止、茶立女の茶屋以外での営業禁止などが細々と定められているにもかかわらず、「売女」営業については、あたかも自明のことのごとく一切記されていなかったし[14]、飯盛女についても、幕府は「公然と『売女』営業をしていないのであれば、勘弁の余地がある」[15]としてこれを黙認した。一軒（一株）二人という定員は守られず、茶屋も旅籠屋も、下女の名目で定員を超える茶立女・飯盛女を抱え置き、幕府側もこれを黙認した。このように売春の実態を承知しつつ、建前としては別の「生業」をもつ者としてこれを公許するという幕府の対応は、そのようなかたちで展開しつつあった現実の売買春への対応であると同時に、その後も長く近世の売買春構造を特質づけることになった。

二　近世売買春の構造

近世社会の売買春は、一節で見た公娼のほかに、多様な私娼によっても行われていた。従来「私娼」と見なされてきた女性たちには、大きく分けて、売春以外に生業をもたない者と、一応生業をもちつつ売春行為を伴う者との二つのタイプがあった。

1　隠売女——非公認の娼婦

「隠売女（かくしばいた）」[16]とは、公認の廓以外で売春を行う女性たち、非公認の娼婦の総称で、主として公権力の側が用いた言葉である。本書第二章でみたように隠売女の中には、抱え主を持たず、誰からの強制も「保護」もなく単独で客を求め、相手の宿で体を売るという、単純売春を行う者も存在したが、このような例は稀であった。隠売女の多くは、奉公契約によって抱え主に拘束され、恒常的に売春を強いられる存在であった。抱え主は、無宿人・やくざである場合が多かったが、「渡世難儀」の下層都市民が抱え主となることもあった。たいてい、借家に一、二人の隠売女を抱え置いて客を招き入れるか、やくざが手下の者などを付き添わせて街中を歩かせたり、小舟に二、三人の売女を乗せて停泊中の舟にこぎ寄せて客を引かせ、屋外や舟の中で売春をさせることもあった。当時、俗に言われた「舟饅頭（ふなまんじゅう）」「ぴんしょ」「夜鷹」「惣嫁」などは、このタイプの私娼である。

　隠売女は、遊廓が公認された近世初頭より厳禁されており、これが発覚・露見すると、抱え主は死罪・獄門など極刑に処された。しかし享保改革期（一八世紀前半）以降、生命を奪う刑罰を科すことはなくなり、近隣・地縁の者に広く財産刑を科す連座制に移行していった。また享保一八年（一七三三）には、「飢渇之者夫婦申合売女致させ候迄にて、盗等之悪事これ無き候ハヽ、糾明及ばざる事」と定められ、「飢渇之者」＝極貧の者の単純売春は、大目にみられることになり、隠売女の取締りは、一八世紀半ば以降さらに緩刑化の方向をたどった。

2 生業をもちつつ売春をする女性たち

隠売女が、ともかくも「契約」によって抱え主に拘束されて恒常的に売春を強いられるのに対して、一応別の生業をもちつつ、あるいは別の生業を「表看板」にしつつ売春を行う女性の一群も存在した。本書で検討した熊野比丘尼をはじめ、俗に言う「綿摘み」「蓮葉女」「提げ重」「すあい」などである。彼女たちは一様に、金品の獲得を目的にして不特定多数の男性に性を売っていたという意味で、売春行為を行っていたが、その実態は多様であった。

たとえば熊野比丘尼は、本来、熊野信仰伝播のために勧進（絵解きをしたり、歌を歌って守り札を売ったりして喜捨を募ること）する宗教者であったが、一七世紀後半以降、大都市に滞留した一部の比丘尼はあきらかに売春行為を行うようになる。しかし多くは、もっぱら売春を行うのではなく、勧進も売春も、ともに状況に応じて流動的に行う存在であった。[17] また、西鶴の『好色一代女』に詳しい描写が見られる蓮葉女は、遊女・売女というより、むしろ働く女性としての性格が色濃い。『好色一代女』によれば、蓮葉女とは上方の問屋が、飯炊女の中から「多少見よげなる」ものを選び、客接待のために置いた女たちのことである。遊女より一層身をぞんざいにもちくずし、旦那の家ではもちろんのこと、出合宿に行ってはさまざまな男と枕をかわし、男たちから多くの贈り物をせしめていたという。たとえば、正月の晴れ着をこしらえてくれる男もあれば、お盆にかたびらや小遣い銭をくれる男、一年中の元結やおしろいを送りつづけてくれる馴染み客もいる、というように。しかも重要なことは、彼女たちがこのように欲張って金品を得ようとしたのは、奉公の出替わり時（短期の奉公契約が切れて次の奉公に就くまでの期間）に、「桟敷見物」「貸御座船」「役者狂い」などといった気晴らし遊びをするための用意であったと指摘されている点である。つまり蓮葉女は、雇い主である問屋主人から恒常的に売春を強いられるような存在ではなく、性を売って金品を得るという行為も、自らの意思に沿って行っていたと考えられるのである。

西鶴は、ほかにも、侍衆の客に対応し、様子次第で宿まで品物をもって行き、思いがけぬ高い商いをする糸屋の売り子、人妻めいた手くだで話しかけて男客の気を引き、季節ごとに着物や金銭の仕送りをしてもらっている鹿の子絞り屋の女工など、多くの女商人や女奉公人を描いている。彼女たちの売春行為については明言されていない場合も多いが、「色をよそおい相手しだいのご機嫌をとり、浮気な男だと見ると酒の相手もし、その後は首尾次第」と述べて、色を売り、性を売って商いを有利にしたり、小遣い銭を得ていたりした状況がうかがわれる。

一方、『守貞謾稿』(18)によれば、綿摘みとは「綿摘の雇婦に矯けて売女せしなる」、提げ重とは「提重筥（箱）に食類を納れ売歩行るを矯けて売色せし也」と記されている。ここでいう「矯けて」とは、「偽って」の意味であろう。つまり、綿摘みとは、綿摘みのために雇われた女奉公人であると偽って売春をする女、提げ重とは、重箱に食べ物を入れて売り歩く女商人であると偽って売色する女ということになる。このうち、綿摘みに関しては、元禄末年から宝永年間(一八世紀初め)に集中的に町触が出されている。それらは、いずれも綿摘み禁止令ともいうべきものであり、「町中端々に奉公人となそらへ、又は綿摘杯と名付、遊女差置」「町中端々に女奉公人と申なし遊女かましきもの」「遊ひ女を綿つミと名付隠置く、外えも遣し」(19)などの文言に示されているように、公権力の側からは、綿摘みとは名ばかりで実態は遊女・遊び女そのものであるととらえられていたことがわかる。同時に、雇い主が彼女たちを奉公人になぞらえ、あるいは奉公人であると強弁して抱え置き売春行為をさせていた状況がうかがわれる。

以上のように、従来一律に私娼と見なされてきた女性たちの中には、別の生業を「表看板」にしつつ、内実は恒常的に売春を強いられる隠売女同様の女性も存在したし、逆に生業に従事しつつ、その傍ら稼ぎを補い有利に商いをすすめるために、自らの意思に沿って売春を行うという女性たちも存在した。

むすび

以上のように、近世売買春の構造は、まず、①遊廓に封じ込められた公娼が存在し、その周縁には、②飯盛女、茶立女など、下女・奉公人の名目で人数を制限されて公許された準公娼、③もっぱら売春を強いられる非公認の隠売女、④別の生業を表看板にしつつ、あるいは別の生業のかたわら、自らの意思に基づいて売春で稼ぎを補い、小遣い銭を得ていた、「売女がましき女たち」などが重層的に存在するというものであった。

売春行為が、他律的・恒常的に強いられたものなのか、本人の意思に基づく非恒常的なものなのかは、奉公形態や公権力の取締り如何にかかわっていた。たとえば、身売り的奉公契約によって、あるいは親が一括して前借金を受け取り、幼年者を長期の年季奉公に出すような場合は、公娼・私娼にかかわらず、抱え主の意向に拘束されて売春を強いられるケースが多く、半年〜一年の短期出替り奉公や比較的自立性の高い女商人の場合などは、先に述べた蓮葉女のように、生業の合間に、自らの意思に基づいて行うというケースが多かったと思われる。また売買春のあり方は、公権力の取締りが厳しくなると「表看板」の生業に重点を置き、取締りが緩むと売春行為に重点を移すというように、公権力の取締り如何によって、流動的な一面ももっていた。

しかし、いずれにしても近世を通じて、「表看板」を下ろさずあくまでも女奉公人や女商人であると偽り、あるいは強弁して、多くの女性たちが売春行為を強いられたり、自身で行ったりしていたことは重要である。なぜならこのことは、公権力の政策的対応と見事に一致しているからである。すなわち、公認遊廓の「外」で行なわれる売春行為については、あくまでも下女・奉公人として公許し、その売春行為については黙認するという公権力の対応が、下女・奉公人・女商人を隠れみのにした売春行為の盛行をもたらしたと言えるし、「飢渇之者」の単純売春を黙認するという幕府の対応は、たとえ現実を反映したものではあったとしても、「貧困女性の売春はやむなし」とする社会通念を広く行き渡らせることになったと思われるからである。その意味で、売買春に対する幕府の対応は、建前を優先するものであり、かつ現状肯定的であった。

日本の近世社会は、売買春に対する「積極的」許容も改悛も、公権力による徹底した差別も救済も経験しなかったように思われる。もちろん、売買春が、倫理的・内面的規範の問題として公的な場で論議されることもなかった。公権力は売買春に対して、当初は治安政策的に、後には経済政策的に対応するか、極貧者の生活問題としてこれを扱うことに終始した。その結果、建前としては「酌取女」「茶汲女」「茶立女」「飯盛下女」などの表向きの生業を公認するかたちをとりつつ、売買春の実態をなしくずし的に認めていくことになった。

日本近世社会において、公認遊廓＝明確な公娼制は、ある意味で制限されたと言えるが、その公娼制の周縁部分は逆に、岡場所(おかばしょ)・新地(しんち)・花街(はなまち)などとして肥大化していくことになった。日本において、近世の公娼制と近代の公娼制は、外圧による検黴制の導入を機に大きな変化を見せる。しかし、近世を通じて見られる公権力の側の対応と、公娼制の周縁部分の肥大化は、引きつづき近代以降の問題でもあったのである。

注

第一章

（1）江原由美子編『フェミニズムの主張』（一九九二年　勁草書房）。
（2）江原由美子編『性の商品化』（一九九五年　勁草書房）。
（3）宮台真司コーディネート『〈性の自己決定〉原論』（一九九八年　紀伊國屋書店）。
（4）フレデリック・デラコステ、プリシラ・アレキサンダー編『セックス・ワーク』（一九八七年刊。日本語訳　一九九三年　パンドラ刊　現代書館発売）。
（5）宮淑子「性の自己決定とフェミニズムのアポリア」（前掲『〈性の自己決定〉原論』所収）。
（6）藤野豊は、その著書『性の国家管理』（二〇〇一年　不二出版）の中で、「高収入を得るための自由意思による売春という理解は、現実を正しくとらえたものとは言い難い」（二八四頁）として、一九八〇年代の「じゃぱゆきさん」問題をはじめ、新聞紙上に見られる数多くの少女買春事件などを指摘している。
（7）単純売春に刑事罰を科すか否かということは、買春者を罰するか否かという点とともに売春防止法制定時から議論のあった点である。にもかかわらず、売春防止法が単純売春を不可罰としたのは、それが売春規制に関する国際的な潮流であること、単純売春を処罰しても売春行為が根絶される保障がないばかりでなく、不公平な検挙によって法の権威が失われ、加えて私的生活領域への人権侵害の起こる可能性があることなどが指摘されてきたからである（中山研一「売春防止法の今日的意義と課題」『ジュリスト』八八二　一九八七年四月一五日）。

（8）中山研一「社会主義国における売春の問題――ハンガリー、ブルガリア、チェコスロバキアの情報――」（『ジュリスト』九〇三　一九八八年三月一日）。

（9）中山研一によれば、「現在（一九八七年頃…筆者）でも、売春をした者をすべて処罰する方がよいと考えている者が四五・七パーセント」「売春の相手となった男子を処罰した方がよいとする者は実に六六・七パーセントに達しており、しかも増えつつあるとさえいわれる。単純売春の不処罰という法の趣旨は、国民世論のレベルでは必ずしも定着せず（後略）」（前掲論文「売春防止法の今日的意義と課題」）と、売春に対する否定的世論を指摘している。また瀬地山も、売春を「なんらとがめることはない」とするものはわずか四・九パーセント、「よくないが大目にみてもよい」が二七・四パーセント、「許せない」とするものが六四・六パーセントにのぼっていることを紹介している（瀬地山角「よりよい性の商品化へ向けて」前掲『フェミニズムの主張』所収）。

（10）この点については、橋爪も「売春――性の商品化――にマイナス価値が集中するのは、それが、家庭を成り立たせる性モラルと逆転するものだからである。家庭のモラルは、人称的な性愛の親和関係（＝夫婦）と、人称的で禁圧された性愛の、脱エロス的な親和関係（＝親子兄姉）とからなる。そこで欠落しているのは、端的に無人称的な（則物的な）性愛関係の可能性にちがいない」と、売春＝無人称的な性愛関係が、家庭の性モラルと断絶していることを指摘している（橋爪大三郎「売春のどこが悪い」前掲『フェミニズムの主張』所収）。が、橋爪の論は、歴史的視点に欠ける。たとえば、「家庭」や家庭を成り立たせる性モラルが広く社会を覆うようになるのは近代以降のことであり、また、近世社会は、橋爪の言うように「〈家〉的人倫」が社会の全域を覆うものではなく、農村共同体の性倫理と〈家〉的人倫とが対立しつつ共存している社会である。いずれにしても、「共同体的」・「〈家〉的」・「家庭的」性倫理は、それぞれ区別されるべきであり、各歴史段階に即した整理が必要であるように思われる。

(11)『日本婦人問題資料集成　一巻　人権』所収（一九七八年　ドメス出版）。
(12)同前。
(13)服藤早苗「遊行女婦から遊女へ」二二四頁（女性史総合研究会編『日本女性生活史　一巻　原始・古代』所収　一九九〇年　東京大学出版会）。
(14)関口裕子他『家族と結婚の歴史』七一〜七二頁（一九九八年　森話社）。
(15)総合女性史研究会編『日本女性の歴史――性・愛・家族――』五八頁（一九九二年　角川書店）。このうち、夜発とは、一〇世紀前半に成立した辞書『和名類聚抄』によれば「昼に遊行するを遊女といひ、夜を待ちて淫奔を発するを夜発といふなり」とある女性たちであり、「性的交渉を業とする女性」（服藤早苗　前掲論文二二七頁）、「性の売買だけを行う」女性（『日本女性の歴史』六〇頁）とされている。しかし、この時期の夜発について言及しているのは、現段階ではこの辞書だけであり、夜発の実態を示す史料もない。そのため、夜発が性の売買だけを行っていたと断定するのは難しく、むしろ、遊女という一つの実体の二つの呼び名、もしくは遊女の別名であったと考えることも可能である。いずれにしても、夜発が性だけを売っていたかどうかという点は、なお踏み込んだ検討が必要であると思われる。
(16)前掲『日本女性の歴史』六〇頁。
(17)服藤早苗　前掲論文二三〇頁。
(18)『事典・家族』（一九九六年　弘文堂）。
(19)勝俣鎮夫「中世武家密懐法の展開」（『戦国法成立史論』一九七九年　東京大学出版会）。
(20)バーン＆ボニー・ブーロー著、香川檀・家本清美・岩倉桂子訳『売春の社会史』（一九九一年　筑摩書房）。
(21)前掲『日本女性の歴史』。

(22) 山根秋伴『日本花柳史』(一九一三年　山陽堂)、西原柳雨『川柳吉原志』(一九二七年　春陽堂)、上村行彰『日本遊里史』(一九二九年　春陽堂)、松川二郎『全国花街めぐり』(一九二九年　誠文堂)、沖野岩三郎『娼妓解放哀話』(一九三〇年　中央公論社)、宮川曼魚『江戸売笑記』(一九二九年　文芸春秋社)など。
(23) 中山太郎『売笑三千年史』(一九二七年　春陽堂)。
(24) 前掲『日本女性の歴史』五八頁。
(25) 滝川政次郎『遊女の歴史』(一九六五年　至文堂)。
(26) 服藤早苗　前掲論文。
(27) 西山松之助『くるわ』(一九六三年　至文堂)、同編『日本史小百科　九　遊女』(一九七九年　近藤出版社)。中野栄三『遊女の生活』(生活史叢書六　一九八一年　雄山閣出版)、同『廓(くるわ)の生活』(生活史叢書一五　一九八一年　雄山閣出版)。
(28) これらについては、女性史総合研究会編『日本女性史研究文献目録』I〜III(一九八三年、一九八八年、一九九四年　東京大学出版会)に詳しい。各項の解説もふくめて参照されたい。
(29) 高柳真三・石井良助編『御触書寛保集成』(一九三四年　岩波書店)。
(30) 『仮名草子集』上(『日本古典全書』一九六〇年　朝日新聞社)。
(31) 喜多川守貞『類聚・近世風俗志』(原名『守貞謾稿』)(一九二七年　文潮社)。
(32) 『家政学文献集成続編　江戸期第九冊　人倫訓蒙図彙』(一九六九年　渡辺書店)。
(33) 喜多村信節『嬉遊笑覧』三(『日本随筆大成別巻』一九九六年　吉川弘文館)。
(34) 『日本国語大辞典』二巻(一九七三年　小学館)。
(35) 井原西鶴『好色一代女』(一九六〇年　岩波書店)。

（36）浅井了意『東海道名所記』一（東洋文庫　一九七九年　平凡社）。
（37）『福澤全集』Ⅵ（一九二六年　国民図書株式会社）。
（38）『女学雑誌』一五〇号（一八八九年）。
（39）吉見周子『増補改訂　売娼の社会史』（一九九二年　雄山閣出版）。
（40）『伊藤野枝全集』下（一九七〇年　学芸書林）。
（41）鈴木裕子編『山川菊栄評論集』（一九九〇年　岩波書店）。
（42）武陽隠士『世事見聞録』（一九九五年　岩波書店）。

第二章

（1）鈴木勝忠『川柳・雑俳からみた江戸庶民風俗』（『風俗文化史選書　一四』一九七八年　雄山閣出版）。
（2）佐伯順子『遊女の文化史』（中公新書　一九八七年　中央公論社）。
（3）喜田川守貞『類聚・近世風俗志』（原名『守貞謾稿』）一九編（一九二七年　文潮社）。
（4）『御仕置裁許帳』五二三（『近世法制史料叢書　一』一九五九年　創文社）。
（5）ジャン・ガブリエル・マンシニ『売春の社会学』（クセジュ文庫　一九六四年　白水社）。
（6）前掲『御仕置裁許帳』五一九。
（7）阿部善雄『目明し金十郎の生涯』（中公新書　一九八一年　中央公論社）。
（8）前掲『御仕置裁許帳』五二一。
（9）司法省秘書課編『徳川刑事裁判例集』三六（一九八六年　橘書院）。
（10）辻達也校訂『撰要類集　第一』一之二（一九六七年　続群書類従完成会）。

(11) 前掲『撰要類集　第一』一之一。
(12) 中田薫「徳川時代に於ける人売及人質契約」(『法制史論集』三・上　一九四三年　岩波書店)。
(13) 金田平一郎「判例近世大坂私法一斑」第四判決例（『中田先生還暦祝賀法制史論集』一九三七年　岩波書店)。
(14) 同前　第五判決例。
(15) 石井良助『吉原』(中公新書　一九六七年　中央公論社)。
(16) 前掲『徳川刑事裁判例集』二三四。
(17) 喜田川守貞　前掲書　二〇編。
(18) 同前　一九編。
(19) 同前　二〇編。
(20) 田村栄太郎『やくざの生活』(一九八一年　雄山閣出版)。
(21) 前掲『徳川刑事裁判例集』七二二。
(22) 武陽隠士『世事見聞録』(岩波文庫　一九九四年　岩波書店)。
(23) 中野栄三『遊女の生活』(一九八一年　雄山閣出版)。
(24) 五十嵐富雄『飯盛女——宿場の娼婦たち——』(一九八一年　新人物往来社)。
(25) 同前。
(26) 喜田川守貞　前掲書　二〇編。
(27) 前掲『御仕置裁許帳』五二九〜五三二。
(28) 前掲『徳川刑事裁判例集』六三三、六七二。
(29) 五十嵐富雄　前掲書。

(30) 前掲『撰要類集　第一』一之一。
(31) 前掲『徳川刑事裁判例集』五六三、五六八。
(32) 同前　六七六。
(33) 同前　五六五。
(34) 五十嵐富雄　前掲書。
(35) 前掲『御仕置裁許帳』七六一。
(36) 前掲『徳川刑事裁判例集』五〇九。
(37) 高尾一彦『近世の庶民文化』(一九六八年　岩波書店)。
(38) 中野栄三　前掲書。
(39) 石井良助　前掲書。
(40) 小林雅子「公娼制の成立と展開」(『日本女性史　三巻　近世』一九八二年　東京大学出版会)。
(41) 『享保撰要類集　一巻』二二一(『旧幕府引継書影印叢刊　一』一九八五年　野上出版)。
(42) 前掲『御仕置裁許帳』五〇六。
(43) 前掲『撰要類集　第一』一之一。
(44) 「元禄御法式」一〇六(『近世法制史料叢書　一』一九五九年　創文社)。
(45) 前掲『御仕置裁許帳』五〇七。
(46) 金田平一郎　前掲論文　第二九判決例。
(47) 同前　第三〇判決例。
(48) 拙稿「享保期の訴訟裁判権と訴」(『講座日本近世史　四巻』所収　一九八〇年　有斐閣)。

第三章

（1）萩原龍夫『巫女と仏教史』「第一章　熊野比丘尼というもの」（一九八三年　吉川弘文館）。
（2）脇田晴子『中世に生きる女たち』「Ⅲ　尼僧の生涯」（岩波新書　一九九五年　岩波書店）。
（3）熊野牛王宝印とは、熊野を信仰する人々を、あらゆる災厄・危難から守るとされる護符のこと。
（4）喜田川守貞『類聚・近世風俗志』（原名『守貞謾稿』）二〇編（一九二七年　文潮社）。天保八年（一八三七）から嘉永六年（一八五三）頃に執筆されたと見られる。
（5）庄司千賀「熊野比丘尼について――和歌山県新宮市妙心寺を中心に――」（『日本民俗学』一六三号　一九八六年一月）。
（6）林雅彦『日本の絵解き――資料と研究――』（一九八二年　三弥井書店）、同「絵解きする比丘尼」（『絵画の発見』一九八六年　平凡社）。
（7）「邑久郡下笠賀村旧記」（萩原龍夫　前掲書　第四章所収）。
（8）浅井了意『東海道名所記』二（東洋文庫　一九七九年　平凡社）。
（9）「我衣」（『燕石十種』第一　一九〇八年　国書刊行会）。
（10）『紀南郷導記』（一九六七年　紀南文化財研究会）。
（11）喜田川守貞　前掲書。
（12）前掲『東海道名所記』二。
（13）庄司千賀　前掲論文。
（14）前掲『東海道名所記』二。

(15)『熊野誌』一三巻（一九六七年　新宮市図書館）。
(16)萩原龍夫　前掲書　第八章。
(17)幕府の宗教統制・修験者編成については、高埜利彦『近世日本の国家権力と宗教』（一九八九年　東京大学出版会）から多くの示唆を得た。
(18)『徳川実紀』元和四年正月二〇日条（『新訂増補国史大系』一九三〇年　吉川弘文館）。
(19)萩原龍夫　前掲書　第六章。
(20)庄司千賀「熊野比丘尼と妙祐坊」（『法政人類学』三六　一九八八年）。
(21)喜田川守貞　前掲書。
(22)高柳真三・石井良助編『御触書寛保集成』歌舞伎芝居遊女野郎比丘尼等之部二七二一（一九三四年　岩波書店）。
(23)前掲『御触書寛保集成』諸商売之部二一一八。
(24)喜田川守貞　前掲書。
(25)同前。
(26)喜多村信節『嬉遊笑覧』三（『日本随筆大成別巻』一九九六年　吉川弘文館）。
(27)喜田川守貞　前掲書。
(28)『御仕置裁許帳』（『近世法制史料叢書　一』一九五九年　創文社）。
(29)同前。
(30)畠山箕山著、野間光辰解題『色道大鏡』（一九七四年　八木書店）。
(31)『諸事聞書』（沼津市植松家文書）。

第四章

（1）三田村鳶魚『江戸芸者の研究』（『三田村鳶魚全集』一〇巻　一九七五年　中央公論社）、陳奮館主人（喜多壮一郎）『江戸の芸者』（一九四八年　川柳社。のち中公文庫　一九八九年　中央公論社）、岸井良衛『女芸者の時代』（一九七四年　青蛙房）など。また吉原遊廓内の芸者については、西山松之助編『日本史小百科　九　遊女』（一九七九年　近藤出版社）、石井良助『吉原』（中公新書　一九六七年　中央公論社）など。

（2）「芸妓」「娼妓」も明治以後の官庁用語である。

（3）真下八雄「丹後の回船業」（中嶋利雄・原田久美子編『日本民衆の歴史　地域編一〇』一九八七年　三省堂）。

（4）京都総合史料館蔵。

（5）『御用留日記　壱番』万延元年（一八六〇）一二月一二日条。以下『御用留日記』は単に『日記』と表記する。

（6）東新地とは、『宮津事跡記』によれば、文化一四年（一八一七）に砂を持ち込んで造った埋め立て地である。当時、土地開発をもっぱら手掛けていた須津村の浅七という者を頭取にして、町中の男子全員の出役（労働力徴発）によって、大手川川尻の出洲の砂を持ち運んで造ったという。当初は、魚屋町新道と名づけられ、行政的には魚屋町の一部であったが、その後、町家も追々できていった。

（7）万延元年（一八六〇）八月「乍恐口上覚」（丹後郷土資料館蔵　三上家文書3箱A―五〇九）。酌取女の置屋仲間による長文の口上書である。

（8）明治一一年（一八七八）「遊廓移転につき伺」（『宮津市史　史料編　三巻』一九九九年　宮津市）。

（9）この間、安政三年（一八五六）六月には、東新地の「町分け」が命じられた。「町分け」とは、従来宮津城下町の一部であった新地を、行政的に宮津城下町と分離し、特別な取締り体制の下に置くことである。理由は「町方博奕猥ニ相成、人柄不宜之者自然入込、且新地惣町之内ニ相成居候而は町方婦人風俗乱候ニ付、内願仕候所町分け被成下置」（前掲三上家文書3箱A―四九二）とあるように、博徒などが入り込み治安が悪化すること、女性の風俗が乱れることなどにあった。

(10)　文久三年（一八六三）三月二九日、東新地の酌取女・茶汲女の置屋の者たちに商売替すべき旨の命令が出された。当然のことながら、これを長年生業として稼いできた置屋たちの抵抗は大きく、彼らは「二千日の日延べ」願いを出すなどして嘆願をくりかえし、ついに同年七月、宮津町奉行所は、その後一年間の「商売替猶予」を認めた。しかし、猶予期間の一年を経た元治元年（一八六四）になっても置屋の商売替は遅々として進まず、それが一部実施されたのは、ようやく慶応二年（一八六六）になってからのことであった。

(11)　東新地がなくなった後も、茶屋商売の者たちを中心に、従来の居付きの商売人たちの中には、東新浜と名を変えた同地に引きつづき残った人々もいた。その後さらに、一〇月一八日には、吹屋谷と呼ばれる山寄りの地が万年町と改められ、町奉行所では、その裏側の新開地を万年町新地として、翌慶応三年（一八六七）に、ここに宮津市中の「遊女業体之者」を集中させた。しかし、こうした万年町新地の成立も、かつての東新地の賑わいを取り戻すことはできなかった。

(12)　代わって殿村氏が名主を勤めた魚屋町、次いで本町についての記事が多くなる。その後、殿村氏、三上氏が再び「東新地取締懸り」を兼任する時期もあるが、それは前述のように東新地廃止に向けた諸手つづきのためであり、『御用留日記』の記載も、往時の東新地の姿を具体的に伝えるものではなくなっている。

(13)　宮津市牧家文書。

(14)　たとえば、三節で取り上げる、文久二年（一八六二）三月五日の芸子玉助の家出・自殺事件でも、玉助が三味線を持って座敷に上がっていたことがわかる。

(15) 文久二年二月二三日から二七日頃まで、宮津町惣会所で、芸者の「手踊り興行」が催されている。

(16) 文久二年一一月、置屋仲間は「新地酌取女茶汲女売買之節扱口入人」を定めるとともに、口入人に関する「規定書」をも作成して町役所に提出した。これによれば以前から、酌取女・茶汲女を売買する口入人が存在したこと、しかし、その口入人は一定ではなかったことなどがわかる。こうした口入人が京都から来たことは、文久元年五月八日、京都から「子供」を売り込みに来た柏屋長平という者が、置屋仲間との間でトラブルを起こしていることからも知られる。

(17) 前掲三上家文書3箱A—四九二。

(18) 石井良助　前掲書　四八〜五三頁。

(19) 『日記』文久元年（一八六一）九月晦日条。

(20) このことは、翌文久二年二月五日の「当戌年店方勤番割」によっても裏づけられる。これによれば、前半に勤番を勤めた四人の他に、新たに布袋屋五助、油屋久右衛門、美濃屋彦七、米屋利助の四人を加えて、八人の置屋が二人ずつ二ヵ月交代で勤める予定になっている。

(21) 文久元年五月八日、置屋の申し合わせに背いて、峰山表に八重松という芸子を五日間にわたって差し遣わせた、酒見屋定蔵という置屋が罰せられるという事件が起こった。この時、酒見屋は「五日間之花七十五本　此銭百五十匁」の「正味七掛」（七割）にあたる一〇五匁の半金を酒肴料として置屋仲間に差し出している。ここでも、「花七五本が一五〇匁」、つまり「花一本＝二匁」と計算されている。また、見番が開設されたのは、万延元年（一八六〇）三月一日のことであるが、それに先立って前年の暮れから翌年の二月にかけて置屋仲間や料理屋の間で見番運営のあり方をめぐる話し合いがもたれた。その話し合いの際の「覚」によれば、当初より酌取女・茶汲女の花代は「花一本銭二匁」と定められていたことがわかる（前掲三上家文書3箱A—四九四、四九五、五〇六）。

(22) 前掲注21の例でも、五日間の花代を七五本としており一日の花代は一五本である。

(23)『日記』万延元年一二月八日条。

(24) 開設前の話し合いでは「花一本銭二匁」の花代を、次のように配分する計画であった。

・置屋手取り　一匁二分八厘（六四パーセント）

・料理屋手取り　六分（三〇パーセント）

・見番手取り　一分二厘（六パーセント）

この配分率はあくまでも予定であり、他のいくつかの覚書によっても変動がある。本文では、置屋七割、見番三割で、これは料理屋を通さない場合の配分率かと思われる。

(25) 見番開設前の予算をみてみると、一日の花代の総売上を「花二〇〇本銭四〇〇目」と見積もり、その六パーセント＝二四匁が見番に入るとみている。したがって年間経費として二四匁×三六〇日＝八六四〇匁（八貫六四〇目）が計上されており、その予算は表11のごとくである。

この表をみると、「廻し店（見番所）」家賃が予算化されていることから、見番所が借家であったこと、また女たちの監視や送り迎えなどのために三人の

表11　店方見番の年間予算

費　目	金　額	備　考
積立并割渡し銭	3500 目	
店　家　賃	250 目	
町　入　用	50 目	
臨 時 入 用	360 目	
紙　筆　墨	200 目	
店方諸入用	1864 目	
（うち男 3 人給金	360 目	1 人月 10 匁宛
男 3 人飯料）	864 匁	1 人 1 日 8 分宛
油　代	540 目	
□　代	100 目	
小　計	6224 匁	
残　高	2416 匁	料理屋向不勘定に充当
計	8640 目(年間予算)	

丹後郷土資料館蔵「三上家文書」より.

「男衆」を雇い入れていることなどがわかる。

(26) 伊原敏郎『歌舞伎年表』一巻（一九五六年 岩波書店）。

(27) 「芝居町御触書」（『燕石十種』第三 一九〇八年 国書刊行会）。

(28) 前掲『歌舞伎年表』一巻。

(29) 『享保撰要類集』一巻（『旧幕府引継書影印叢刊 一』一九八五年 野上出版）。

(30) 奥野彦六『定本 御定書の研究』（一九六八年 酒井書店）。

(31) 前掲『享保撰要類集』一巻（前掲『旧幕府引継書影印叢刊 一』三四六頁）。

(32) 「増訂半日閑話」巻之二五（『蜀山人全集』三巻 四五二頁 一九七九年 日本図書センター）。

(33) 同前（前掲『蜀山人全集』三巻 四五六頁）。

(34) 「金曾木」（前掲『蜀山人全集』三巻 七三〇頁）。

第五章

(1) 植木枝盛「廃娼の急務」（『日本婦人問題資料集成 一巻 人権』所収 一九七八年 ドメス出版）。

(2) たとえば『十五年戦争重要文献シリーズ 一集 軍医官の戦場報告意見集』（一九九〇年 不二出版）など。

(3) 酒井シズ『日本の医療史』（一九八二年 東京書籍）。

(4) 富士川游『疾病史・病志・療法の歴史』（『富士川游著作集』四巻 一九八一年 思文閣出版）、土井慶蔵『世界黴毒史』（一九七三年 形成社）。

(5) 富士川游「日本医学思想史」（『富士川游著作集』一巻 一九八〇年 思文閣出版）、同『日本医学史綱要』一・二（東洋文庫 一九七四年 平凡社）。

(6)『東海道名所記』二　二三九頁（東洋文庫　一九七九年　平凡社）。

(7)『松本順自伝・長与専斎自伝』（東洋文庫　一九八〇年　平凡社）。

(8)酒井シヅ　前掲書。

(9)たとえば、フレンキ著、高野長英訳の『黴瘡摘要』は、たび重なる実験の結果、アラビア脂が生き物の粘液と同じ性質をもつという結論に達し、そのアラビア脂と水銀とを混和した水銀製剤を発明するまでの経過、およびその臨床実験の結果を克明に綴った記録である。フレンキは、このアラビア脂を混和した水銀製剤を、即効力があり吐涎を起こすことのない良薬であると自信をもって記している。しかし、高野長英は、『黴瘡或問』の中で、フレンキの方法でも吐涎を防ぐことはできず、「汞剤（水銀製剤）ノ用法此ニ至テ窮ス」（五四六頁）と、真に有効な水銀製剤はないとしたうえで、それゆえに刺激の強い水銀製剤は「梅毒ニ必用トシ難シ」と主張している。その意味で、蘭学者の長英も水銀療法に全幅の信頼を置いていたわけではないと言えるが、なお「病勢劇烈ナル者」「患者ノ性質強織維強靭ナルモノ」には、あくまでも水銀が有効であるとの立場をとっていた。

(10)『傾城色三味線』大坂之巻（『近代日本文学大系　五巻　八文字屋集』一九二八年　国民図書株式会社）。

(11)三田村鳶魚「西鶴の当世顔」（『三田村鳶魚全集』一二巻　一九七六年　中央公論社）。

(12)三田村鳶魚「恋の病」（前掲『三田村鳶魚全集』一二巻）。

(13)同前。

(14)鈴木勝忠『川柳・雑俳からみた江戸庶民風俗』（『風俗文化史選書　一四』一九七八年　雄山閣出版）。

(15)同前。

(16)同前。

(17)同前。

(18) ルイス・フロイス『ヨーロッパ文化と日本文化』(岩波文庫　一九九一年　岩波書店)。
(19) 鈴木勝忠　前掲書。
(20) 三田村鳶魚「恋の病」(前掲『三田村鳶魚全集』一二巻)。
(21) 「風流日本荘子」(『近世文芸叢書　小説第四』一九一〇年　国書刊行会)。
(22) 国立京都病院皮膚科医長荻野篤彦氏のご教示による。
(23) 酒井シズ　前掲書。
(24) 厚生省『医制八十年史』(一九五五年　印刷局朝陽会)。

第六章

(1) 九州大学法学部蔵。
(2) 『西鶴集　上』(『日本古典文学大系』一九五七年　岩波書店)。
(3) 『近世法制史料叢書　一』(一九五九年　創文社)。
(4) 北島正元編『江戸商業と伊勢店——木綿問屋長谷川家の経営を中心として——』(一九六二年　吉川弘文館)、牧英正『雇用の歴史』「第四章　町方奉公人」(一九七七年　弘文堂)。
(5) 林玲子「町家女性の存在形態」(『日本女性史　三巻　近世』所収　一九八二年　東京大学出版会)、同「笠間城下町の女性たち」(『現代のエスプリ　別冊　江戸とは何か2』一九八五年)。
(6) 「律令要略」(『近世法制史料叢書　二』一九五九年　創文社)。
(7) 西島孜哉『近世文学の女性像』第三章(一九八五年　世界思想社)。
(8) 勝俣鎮夫『戦国法成立史論』「第一章　中世武家密懐法の展開」(一九七九年　東京大学出版会)。

(9) 脇田晴子「日本女性史研究の現在と課題・中世」(『日本女性史入門』一九九一年　三省堂)。

(10) 高群逸枝『日本婚姻史』第七章三節(『高群逸枝全集』六巻　一九六七年　理論社)。

(11) エンゲルス『家族・私有財産・国家の起源』(岩波文庫版　第二章　九二頁)。エンゲルスは、さらに同章で「単婚の永遠の同伴者」(九五頁)として娼婦制と姦通をあげ、一夫一婦制の下で姦通が不可避のものであることを論じている。高群逸枝の『日本婚姻史』『恋愛論』はともに、全体としては、エンゲルスの影響を強く受けていると思われるが、近世社会の評価は、本文に示したように大変低く、近松、西鶴の作品も正当に評価されていない。

(12) 『恋愛論』第五章(前掲『高群逸枝全集』六巻　二五六頁)。

(13) 高群は、『恋愛論』第五章(前掲『高群逸枝全集』六巻　二六九頁以降)で、ルネッサンス期の偶像崇拝的恋愛、たとえば先駆的にダンテの詩に見られるような、神格化された霊魂の持ち主として仮想される女性への憧憬を、「天上的プラトニッ・ラヴ」と呼んでいる。

(14) 高尾一彦『近世の庶民文化』(一九六八年　岩波書店)。

(15) 高群逸枝　前掲『恋愛論』。この中で、高群は、ショーペンハウアーを「恋愛を生殖の一つの詭計にすぎないとした」(三一七頁)と指摘し、さらに、田中王堂の「恋愛は組織せられてはたらく性欲にほかならない」(三三七頁)ということばや、倉田百三の「恋愛は精錬された、高められた性欲である」(同前)ということばなどを引用し、これらを近代恋愛の根本をなす生殖一元の昇華式恋愛論として批判している。

(16) 脇田晴子「母性尊重思想と罪業観──中世の文芸を中心に──」(同編『母性を問う・歴史的変遷』上　所収　一九八五年　人文書院)。

(17) 林玲子　前掲論文。

(18) 奥野彦六『定本　御定書の研究』(一九六八年　酒井書店)。

終章

(1) ジャック・ロシオ著、阿部謹也・立浪博訳『中世娼婦の社会史』(一九九二年　筑摩書房)。
(2) 石井良助『吉原』(中公新書　一九六七年　中央公論社)。
(3) 『京都の歴史　五巻　近世の展開』(一九七二年　京都市)。
(4) 『新修大阪市史』四巻(一九九〇年　大阪市)。
(5) 「同房語園異本」(宮本由紀子編、芳賀登監修『目で見る遊里・江戸の遊廓　吉原編』一九八六年　国書刊行会)。
(6) 同前。
(7) 『御仕置雑例抜書』九州大学法学部蔵。
(8) ばさらとは、見栄をはって派手にふるまったり、ほしいままに贅沢・乱脈にふるまったりすること、またはそのようなふるまいをする人。
(9) 芸能史研究会編『日本芸能史　四　中世—近世』(一九八五年　法政大学出版会)。
(10) 伊原敏郎『歌舞伎年表』一巻(一九五六年　岩波書店)。
(11) 前掲『京都の歴史　五巻　近世の展開』。
(12) 「当代記」(『史料雑纂　第二』一九一一年　国書刊行会)。
(13) 本書第二章五節。
(14) 田中豊「大阪の茶立女——御池通り五・六丁目を中心に——」(有坂隆道先生古稀記念会編『有坂隆道先生古稀記念　日本文化史論集』一九九一年　同朋舎出版)。
(15) 下重清「飯盛女とはどのような存在だったのか」(青木美智男・保坂智編『争点日本の歴史　五　近世編』一九

九一年　新人物往来社)。

(16) 隠売女については本書第二章に詳述した。

(17) 本書第三章。

(18) 喜田川守貞『類聚・近世風俗志』(原名『守貞謾稿』)(一九二七年　文潮社)。

(19) 高柳真三・石井良助編『御触書寛保集成』(一九三四年　岩波書店)。

あとがき

本書は主として、一九九〇年以降に執筆してきた近世の売買春と性愛についての論稿を収めたものである。それまで、女性史に関する論文を書いていなかった私が、このような仕事を手掛けるようになったきっかけは、京都の女性史総合研究会の会員として例会に参加し、多くの女性史研究者と交流する中で、『日本女性生活史　三巻　近世』の一部を分担執筆したことにあった。本書第二章の「売女」は、その時の論文を手直ししたものであり、私にとっては、女性史を意識して書いた最初のものである。

また、本書のうち第一章「売春の歴史をめぐって」は、神戸大学国際文化学部のジェンダー研究会での報告・議論をもとに書いたものであり、第五章「近世の梅毒観」は、梅毒研究ワークショップでの報告をもとにしている。前者は、まだごく内輪の研究会であるが、さまざまな分野の研究者・院生との議論は「楽しい」の一言につき、多くの同僚・院生から刺激を受けた。また後者は、横田則子さんが誘ってくださったものである。梅毒患者に実際は会ったこともない私にとって、現役のお医者様をはじめとする参加者の方々のお話は、私の梅毒に対する認識を決定的に変えるものであった。この場をお借りして、心からお礼を申し上げたい。

日本女性史研究は、政治史・社会経済史などに比べれば、決して歴史学研究の本流とは見なされない時期が、かなり長くつづいた。そのような時期にあっても、着実に女性史研究の実績を積み上げてこられた、数少ない諸先輩たちの努力と、一九八〇年代以降の社会史研究盛行の機運、旺盛な生産力と意欲を備えた女性学研究者の方々との交流などを追い風に、女性史研究の裾野は次第に広がっていき、私が女性史研究を始めた一九九〇年前後から、女性史は歴史学研究として確かな地位を占めるに至ったように思われる。東京や京都のみならず、各地域の女性史研究会の活発な研究活動に刺激されながら、私自身も近世女性史について発言したり、論文を書いたりする機会を少なからず与えられることになった。大きな病気を経験しながら、細々とでも女性史研究をつづけてこられたのは、このような研究会の存在があったからである。

最後に、本書刊行に際してお世話になった永滝稔氏、岡庭由佳氏、ならびに出版の機会を作ってくださった、吉川弘文館に、心から感謝したい。

二〇〇二年一〇月

曽根ひろみ

初出一覧

＊いずれも本書収録にあたり、大幅に加筆・訂正した。

第一章　神戸大学国際文化学部のジェンダー研究会での報告・議論をもとに構成した。ただし、四節の「売色・売女・売淫」は、「売春概念をめぐって――『売女』『売色』『売淫』――」として『現代のエスプリ　性の諸相』三六六号（至文堂　一九九八年）に発表した論文をもとにしている。

第二章　「『売女』考――近世の売春――」（女性史総合研究会編『日本女性生活史　三巻　近世』東京大学出版会　一九九〇年）

第三章　「近世の熊野比丘尼――勧進と売色――」（女性史総合研究会編『女性史学』五号　一九九五年）

第四章　「芸者考――丹後宮津の芸子を中心に――」（脇田晴子・S B ハンレー編『ジェンダーの日本史』上　東京大学出版会　一九九四年）

第五章　新稿

第六章　「婚外の性愛――女性史から見た『好色五人女』――」（勉誠社編集部編『西鶴新展望』勉誠社　一九九三年）

終　章　「近世売買春の構造――公娼制の周縁――」（林玲子・柳田節子監修　アジア女性史国際シンポジウム実行委員会編『アジア女性史――比較史の試み――』明石書店　一九九七年）

「自由・対等で幸福な性」を願って

本書の視点

戦後、歴史学研究の対象として女性が本格的に取り上げられるようになるのは、一九八〇年代以降のことである。とりわけ近世の性に関わる研究は、当初より性売買、すなわち大都市の遊廓をはじめ地方の城下町の遊女、宿場の飯盛女、湊町の洗濯女などの姿を具体的に明らかにする形で進展してきた。それは長い間、歴史叙述の中にほとんど現れてこなかった民衆としての女性の生活実態を明らかにするという女性史研究の原点ともいえる視点に基づくものであった。本書もまた、近世社会に生きた、性を売る女性たちの生活を具体的に明らかにするという意味で、それまでの女性史研究の延長上に位置するものである。

本書の意図

本書で、私が意図した課題は、次の二点である。

第一は、研究史的な課題である。一九六〇年代頃までの、近世の性や遊廓に関する研究は、戦前以来の、若者組の性や夜這いをはじめとする民俗学的な性慣行の一部として、あるいは古代以来の遊女史研究の延長上に位置する芸能者としての遊女研究、あるいは文化史的な視点から、人々が身分を

「越えて」集う社交の場としての遊廓研究等が主流であり、「売春」という視点は極めて希薄であった。本書では、それまでの研究でほとんど取り上げられてこなかった「性の売買＝売買春」という視点から、遊廓を捉え直すとともに、遊廓や遊所に収まりきらない、近世社会の多様な性売買の在り方を具体的に検討し、近世社会における性売買の全体像を提示することを意図した。

本書が意図した第二の点は、本書刊行時の実践的な関心に基づく課題である。当時海外でおこっていた「セックスワーク論」は、売春女性が自らを性労働者として位置付け、労働環境の改善や暴力の禁止、賃金の上昇などを求めて運動を起こしたことから表面化した議論である。日本でも、フェミニスト・社会学者の間で「売春がなぜ悪い」「良い売春と悪い売春がある」といったような、売春の倫理的是非を問う議論が起こっていた。こうした議論について、私のように近世の売春史研究を行っている者は、どう応え得るのかということを考えざるを得なかったのである。本書は、全体を通して、こうした実践的な問題意識を前提にしている。なかでも当時、論調の基調にあったのは、自由意志に基づく売春は(倫理的に)非難されたり、法的に規制されたりするべきではないということであった。それ自体はもっともなことであるが、問題は、その「自由意志」が、文字通りの「自由意志」ではなく、一定の社会的・経済的な条件を背景に、他に選択肢のない状況下で選択された、すなわち形だけの「自由意志」にすぎなかったのではないか、ということである。近世社会においても、貧困な親が娘を遊女屋へ売るほか、一見すると「自由意志」に基づいて性を売っていると思われる女性たちが存在していた。こうした売春のあり方について具体的に明らかにし、女性たちが性を売るという選択をした、あるいはせざるを得なかった歴史的な条件や背景を検討することで、近世における「自由意志」の欺瞞を明らかにすることが本書の実践的な意図である。

本書の概要―近世売買春の特徴

本書で明らかにした点は、中世とも近代とも異なる近世の売買春の特徴である。近世の売買春は、性を売る側はもちろん、性を買う側も大衆化し、農村や都市の下層庶民までを巻き込んで展開し盛行を極めた。貧しい男女が、驚くほど安い金で、性の売買を行っていたのが近世社会である。近世の売買春が、下層庶民さえも、いくらかの貨幣を持てるほどに商品経済・貨幣経済が発展した社会を背景にしていたこと、そうした貧しい庶民の間で性が、「一交いくら」というむき出しの形で売買されていたことに、近世売春社会の特徴の一つがあった。また街頭で「自由に」客を引いているように見える夜鷹・惣嫁も監視のために男を付けられたり一か所に集住させられたりしており、少なくとも、近世社会においては、「自由意志に基づいて性を売る」女性の存在は、皆無ではないにしろ、ほとんど見られなかったといえる。

第二は、近世の売買春が、①公認遊廓の遊女（公娼）に限らず、②下女・奉公人の名目で人数を制限されたうえで公許され、売春行為は黙認されていた準公娼ともいうべき茶立女や飯盛女など、③抱え主に抱えられ日々性を売ることを強いられていた「隠売女」と呼ばれる私娼、④女商人、衣料生産に従事する女職人など別の生業を表看板にして性を売る「売女がましき」とされる女性たちなど、多様で重層的な構造をもっていた点である。

本書刊行後の研究動向

本書の初版が出てから二〇年の歳月が流れた。この間の、近世遊廓や性、売買春に関する研究成果は多岐にわたる。もちろん、この分野のすべての研究史を網羅することは到底できないことから、重要だと思われる研究動向について、いくつか私見を述べるにとどめたい。

第一は、本書刊行後、女性史的視点からの「近世の性」に関わる研究が、その研究領域をさらに拡げ、女性史研究をさらに豊かにしたという点である。

一九八〇年代以降の近世女性史研究において、性の問題は主として売買春における性の問題、つまり女性の立場から言えば「売る性」を研究対象としてきた。本書も、その例にもれない。しかし一九九〇年代後半以降、「売る性」のみならず、妊娠・出産などの「日常の性」にまで研究領域が広がっていった。それらの研究の中で、近世社会においても、公的な権力が妊娠や出産など「日常の性・家内の性」を管理・統制するようになったことが明らかにされてきた。このことは、国家が生殖・出産管理を行っていく近代以降を見通せるという意味でも大変重要な研究動向であると言える。沢山美香子氏の一連の仕事がその代表的なものであろう(1)。

第二に、女性史研究はジェンダー史への進化も遂げた。ジェンダー史は、女性のみならず男性も視野に収め、両性の権力関係や格差——政治的・経済的な格差のみならず、教育やいわゆる「女・男らしさ」などの諸規範、心性などにおける性差の発見と、その歴史的背景について研究成果をあげてきた。女性史研究者が多数参加して書かれた女性史の通史、続いてジェンダーの視点から書かれた通史類が多く刊行されたことが、その証左であろう。(2)

第三は、近世の「吉原」研究において、遊女ではなく遊女を買い揚げる側の遊客についての研究に進展が見られたことである。とりわけ「吉原」が、「客の貴賤を問わない」「公平な社交の場」であるという、一部で長く支持されてきた先行研究に対して、客になることを拒否・忌避された人々がいたことを明らかにしたこと、それら歌舞伎役者、浄瑠璃役者、座頭、穢多、非人などが登楼を拒否・忌避された理由が、決して公儀の法によるものではなく、当時の身分秩序に基づく、吉原内外の人々の卑賤視にあったことを指摘した高木まどか氏の仕事が、それにあたる。(3)こうした指摘は、遊廓が纏ってきた脱世俗的な幻想を真っ向から否定し、遊廓が「世俗の場」そのものであったことを示した点で注目される。

最後は、女性史研究への批判を内在させた遊廓社会論の登場である。(4)遊廓社会論とは、遊廓を売買春の場としてのみとらえるのではなく、それまでの都市研究や身分論・身分的周縁論の研究史などとリンクさせ、遊廓を全体社会の中に位置づけようとするものである。実際、この遊廓社会論では、遊廓が遊女屋だけではなく、遊廓社会に関わる様々な生業の人々がともに暮らす一つの町であること、遊廓や遊女屋の存立構造に関わる土地所持や金融関係に及ぶ背景などまでを明らかにしてきた。こうした方法ならびに諸成果は、本書ひいては女性史研究の弱点を衝いたものだと思われる。

女性史的視点からの研究は、かつての好事家的な遊廓論、遊廓至上主義的な研究を批判し、遊廓が文化・社交の場であることを認めつつも、基本的には性売買の場であることを強く主張した点に特徴があった。しかし他方で、売買春の在り方や売春女性の実態を主たる研究課題とすることで、遊廓を従来の都市研究などと結びつけ、全体社会の中に位置づけようとする点では弱かったと言わざるを得ない。その意味で、女性史的視点に基づく遊廓・遊女研究は、遊廓社会論の視点や方法的枠組みを可能な範囲で共有し、従来の歴史学の成果とリンクさせる——いわば全体史の中に自らを位置付ける努力を、一層求められているといえる。

結びにかえて

(1) 私自身は、売春がいつの時代にもある「人類の常態」ではなく、一定の歴史的条件の下で成立し、存続するものであると考えている。それは、これまでの女性史研究が「売春のない時代」があったことを指摘していることからも明らかである。[5] また、そのことは、「売買春のない時代→売買春が成立・存続した時代→そして再び売買春のない時代へ」という展望を遠い未来のこととして描くことを可能にするかもしれない。そのような視点に立った時、売買春を成立させる歴史的な条件・背景をどのように考えるかは根源的な問題であり、今後とも売買春史研究の重要な課題であり続けるだろう。この点に関わって、少なくとも近世社会における売買春の大衆化、盛行が、商品経済の広範な発展と深く結びついていたことは、改めて強調しておきたい。

（2）また売買春について歴史的な研究が今後も必要だと思われるのは、今もなお売買春は女性の貧困と強く結びついているからである。二〇一四年四月に、NHKスペシャル『調査報告　女性たちの貧困―〝新たな連鎖の衝撃〟』が放映されてから現在までに、多くの「女性の貧困」を取り上げた本が刊行されてきた。(6) それらを読むと、女性たちの貧困と売春を含む風俗・性産業とは深い結びつきがあると分かる。現代社会においては、貧困に陥った女性たちを巧みにスムーズに性産業に導くシステムが見事に構築されているというのだ。例えば、風俗・性産業は「給与・居所・託児所など」をセットで提供することで、貧困女性の「セーフティーネット」とさえ言われているのである。近世社会における、貧困女性を売春に導く社会的なシステム（例えば女衒と女衒によるネットワークなどはその一つにあたるだろう）については未検討であるが、こうした社会的なシステムは、公的権力による性管理・売買春管理と並んで、形を変えつつ長きにわたって売買春を存続させる条件であった。今後とも、これらについての歴史的検討は、売買春史を研究する上で重要な課題となるだろう。

国家による性管理が否定され、人々が、貧困と貧困ゆえに性を売ることがない社会は、少なくとも遠い未来の「自由・対等で幸福な性」へ通じるだろう――そういう想いが、これらの研究への、私のささやかな情熱を支えてきた。

（1）『出産と身体の近世』（一九九八年　勁草書房）／『性と生殖の近世』（二〇〇五年　勁草書房）／『性からよむ江戸時代』（二〇二〇年　岩波新書）など。

（2）総合女性史研究会編『日本女性の歴史』全三巻（一九九二年〜一九九三年　角川選書）／総合女性史研究会編『時代を生きた女たち　新・日本女性通史』（二〇一〇年　朝日新聞出版）／大口裕次郎・成田龍一・服部早苗編『新体系日本史9　ジェンダー史』（二〇一四年　山川出版社）／久留島典子・長野ひろ子・長志珠絵編『歴史を読み替える・ジェンダーから見た日本史』（二〇一五年　大月書店）／総合女性史学会編『ジェンダー分析で学ぶ・女性史入門』（二〇二一年　岩波書店）など。

（3）高木まどか『近世の遊廓と客—遊女評判記にみる作法と慣習』（二〇二一年　吉川弘文館）。

（4）佐賀朝・吉田伸之偏『シリーズ遊廓社会1　三都と地方都市』（二〇一三年　吉川弘文館）が、遊廓社会論の集大成である。

（5）（2）にあげた、総合女性史研究会編『日本女性の歴史　性・愛・家族』（角川選書）、『時代を生きた女たち』（朝日新聞出版）など。

（6）NHK「女性の貧困」取材班『女性たちの貧困〝新たな連鎖〟の衝撃』（二〇一四年　幻冬舎）／鈴木大介『最貧困女子』（二〇一四年　幻冬舎新書）／中村淳彦『東京貧困女子』（二〇一九年　東洋経済新報社）など。

著者略歴

一九四九年　静岡県に生まれる
一九七二年　東京女子大学文理学部史学科卒業
一九八〇年　一橋大学社会学研究科博士後期課程単位取得退学
現在　神戸大学名誉教授

〔主要著書・論文〕
『ジェンダーの比較法史学』（共著、大阪大学出版社、二〇〇六年）
「日本近世刑事法制のなかの『女』」（『女性史学』第一八号　二〇〇八年）
『〈江戸〉の人と身分4　身分の中の女性』（共著、吉川弘文館、二〇一〇年）
「明治四年『新吉原町規定申合せ』成立の歴史的意義—遊女屋の仲間的結集—」（『歴史学研究』九二六号、二〇一四年）

娼婦と近世社会〈新装版〉

二〇二三年（令和五）三月一日　第一刷発行

著　者　曽根ひろみ

発行者　吉川道郎

発行所　株式会社　吉川弘文館
郵便番号一一三—〇〇三三
東京都文京区本郷七丁目二番八号
電話〇三—三八一三—九一五一〈代表〉
振替口座〇〇一〇〇—五—二四四番
http://www.yoshikawa-k.co.jp/
印刷＝株式会社 精興社
製本＝株式会社 ブックアート
装幀＝伊藤滋章

ISBN978-4-642-08425-3